江苏高校哲学社会科学研究一般项目“新质生产力视域下高校思想政治教育精准育人模式研究”（课题编号：2024SJSZ0959）

江苏大学高等教育教学改革研究课题“基于点线面体多维贯穿的高校思政课教师‘三教’能力提升研究”（课题编号：2023JGYB017）

江苏大学共同富裕研究院一般项目“党建引领乡村共同富裕研究”（课题编号：GFYB004）

思想政治教育研究文库

海外赤子心

——中国赴海外留学生思想教育研究

王 瑶 著

光明日报出版社

图书在版编目（CIP）数据

海外赤子心：中国赴海外留学生思想教育研究 / 王瑶著．-- 北京：光明日报出版社，2024. 8. -- ISBN 978 - 7 - 5194 - 8199 - 5

Ⅰ. G648. 9

中国国家版本馆 CIP 数据核字第 20248XP819 号

海外赤子心：中国赴海外留学生思想教育研究

HAIWAI CHIZIXIN：ZHONGGUO FU HAIWAI LIUXUESHENG SIXIANG JIAOYU YANJIU

著　　者：王　瑶

责任编辑：李壬杰　　　　责任校对：李　倩　乔宇佳

封面设计：中联华文　　　　责任印制：曹　诤

出版发行：光明日报出版社

地　　址：北京市西城区永安路 106 号，100050

电　　话：010-63169890（咨询），010-63131930（邮购）

传　　真：010-63131930

网　　址：http：//book. gmw. cn

E - mail：gmrbcbs@ gmw. cn

法律顾问：北京市兰台律师事务所龚柳方律师

印　　刷：三河市华东印刷有限公司

装　　订：三河市华东印刷有限公司

本书如有破损、缺页、装订错误，请与本社联系调换，电话：010-63131930

开　　本：170mm×240mm

字　　数：194 千字　　　　印　　张：14. 5

版　　次：2025 年 1 月第 1 版　　　　印　　次：2025 年 1 月第 1 次印刷

书　　号：ISBN 978 - 7 - 5194 - 8199 - 5

定　　价：89. 00 元

序　言

步入中国特色社会主义新时代，我国外交布局全方位展开。作为跨国交流的重要载体，中国赴海外留学生群体数量不断壮大，成为思想教育的重点关注对象。中国赴海外留学生是国家形象的代言人，在树立国家形象、增进国际交流、维护国家利益等方面发挥着重要作用。总体上，他们具有强烈的爱国主义意识，能够把个人前途与国家命运联系在一起。但受个体成长经历、海内外复杂环境以及多元价值观等多重因素的影响，部分赴海外留学生的价值观念变化不定，曾多次发生不端行为事件，甚至出现有辱国家形象的不良行为，这对于国家形象与利益造成了比较恶劣的影响。

基于此，关注中国赴海外留学生的思想状况，发挥思想教育的规范和引导效用，是新时代思想政治教育需要面对的重要课题之一。当前，针对中国赴海外留学生群体开展的思想教育存在诸多问题，或散落分布于留学前的培训讲座，或流于形式，既缺乏实质内容，又未形成系统化的教育体系。所以，开展系统化的中国赴海外留学生思想教育研究，是当前思想政治教育面临的紧迫任务，亦是提高中国赴海外留学生思想教育实效性、激发留学生历史责任感与时代使命感、不断为实现中国梦积蓄后备人才力量的必要举措。

王瑶的专著《海外赤子心：中国赴海外留学生思想教育研究》以强化中国赴海外留学生思想教育，弥补其“缺位”造成的各种问题为出发点，对中国赴海外留学生思想教育这一主题研究进行基本概述的前提下，梳理了中国赴海外留学生思想教育的历史发展脉络。从时代特征、政策支持及教育管理等方面寻求经验借鉴，以马克思主义人学理论、马克思世界历史理论作为中国赴海外留学生思想教育研究的价值指引，同时在推拉理论、承认理论以及跨文化理论等西方相关理论中寻求参照视角，并在对中国赴海外留学生进行思想教育的过程中，注重学习和借鉴其他学科的教育内容与方法，以实证研究对中国赴海外留学生的基本状况进行多元考察和深度分析，进而提出具有针对性的中国赴海外留学生思想教育政策，对于规范中国赴海外留学生言行，使其自觉抵制资本主义腐朽意识形态和价值观念的侵蚀与渗透，增强自身国家认同感，解决中国赴海外留学生思想教育的系列难题，实现思想政治教育国内国外全面覆盖，以及促进中国赴海外留学生思想教育在新的历史时期实现贴合时代需求的新发展具有重要的现实意义。

具体来讲，在中国赴海外留学生思想教育这一主题研究领域，王瑶的专著有以下三方面的特点。

一、聚焦留学群体，拓展教育对象范畴

近年来，中国赴海外留学生思想教育这一主题研究领域逐渐引发学界关注，并且国内已有研究提出交换生思想教育模式和机制。比如，以高校交换生为研究对象，着眼于提升交换生教育的相关工作，将交换生思想教育纳入社会主义核心价值观教育范畴，并提出了相应的交换生思想教育方式。但需要明确的是，交换生只是中国赴海外公派留学生的一种。根据教育部近五年有关数据统计显示，在中国赴海外留学生这一数

量庞大的群体中，公派留学生占比不足十成。因此，中国赴海外留学生思想教育研究中自费留学生是不可忽视的重要群体。在中国留学事业如火如荼的发展进程中，留学途径越发多种多样，留学门槛更是参差不齐，海外留学生出现各种问题，同时也对开展中国赴海外留学生思想教育工作造成了困难。总之，无论是国内还是国外，对留学生思想教育的研究大多侧重于某单一群体或者局限于某一方面，没有形成体系化研究。由此所得研究成果并不能客观反映中国赴海外留学生群体的真实思想状况，亦不能切实发挥思想政治教育服务留学生的价值效用。

为进一步推进和开展中国赴海外留学生思想教育工作，首先要明确中国赴海外留学生的群体构成，将以往着眼于单一留学生群体的相关研究以及碎片化的留学生思想研究和教育实践加以整合分析。王瑶的专著聚焦我国赴海外留学生，对象范畴包含公派、自费两种。以此为前提，结合中国赴海外留学生现状以及留学生教育中思想政治教育的缺位状态，以问题为导向，强调突出重点群体（有重点地探讨留学群体中的主力军也就是以大学生群体为主的自费留学生）的重点问题，并由此切实解决中国赴海外留学生这一特殊群体的具体现实需要和迫切现实困扰，真正使思想政治教育在留学教育实践中发挥其应有的正向价值引领作用和意识形态凝聚功能。

二、立足留学场域，提出对应解决措施

王瑶的专著针对出国前、留学中和回国前三个教育场域，从教育主体、教育内容、教育方式和制度体系四个层面出发，提出相对应的中国赴海外留学生思想教育实践路径，克服了以往研究只针对单一群体或者只侧重某一方面的不足，是协同多主体、糅合多种教育方式并兼顾针对性教育内容的系统研究。一是教育主体层面，加强留学生思想教育队伍

建设：留学前以思政课教师协同专业课教师为主体，加强行前思想教育培训；留学中以使馆工作人员带动公派教师为主体，强化留学生思想动态关注；回国前以学历认证人员对接学联组织为主体，合力完成思想教育对接工作。二是教育内容层面，实现留学生思想教育立德树人：留学前以课程思政做好行前思想教育；留学中以问题为抓手把控留学生动向；回国前以职业规划促进留学生再社会化。三是教育方式层面，链接留学生思想教育服务功能：留学前以“反向内省”助力留学教育顺利开展，通过留学生乐于接受的实证教育方式，推动留学生行前思想教育“落地有声”；留学中以海外服务协同教育推进教育方式转化，建构互信基础上以服务功能向教育功能过渡的思想教育关系；回国前以共情引导教育方式有效激发留学生爱国热情，通过发挥同辈群体效应、榜样示范作用并以优化回国软硬件设施的措施，引导留学生学成归国。四是制度体系层面，中国赴海外留学生思想教育应分阶段落实，重在构建全方位的机制保障，最终形成系统化的思想教育体系。这一贯穿全过程的中国赴海外留学生思想教育实践方案，旨在助力中国赴海外留学生群体顺利完成国外学习生活以及回国就业的有序过渡，能够切实解决中国赴海外留学生思想教育的系列难题，提高中国赴海外留学生思想教育的实效性，推进落实“思想政治工作贯穿教育教学全过程”理念，实现全程育人、全方位育人和思想政治教育国内国外全面覆盖。所以，在具体研究内容如留学场域及相应对策提出等方面，王瑶的专著较之以往研究具有一定的创新性。

三、以问题为导向，坚持实证研究方法

坚持实证研究方法是本书的一大特色，这一特色研究方法为推进中国赴海外留学生思想教育工作提供了更为科学的实践思路以及更为丰富

的研究资料。王瑶在研究过程中采用实证研究法，以定性研究为基础、定量研究为手段，坚持在实践中检验、用事实去证明、以证据来说话，重点通过论坛跟踪、访谈以及个案分析等实证手段采集数据、获取材料。例如访谈，多次打磨访谈提纲，在给予受访者充分尊重的前提下，把握时机，运用对象化语言，尽可能设计开放性问题，直观把握受访者的主观感受，通过与受访者探讨开放性问题，捕捉更为丰富具体的信息。以问题为导向，以世界观、政治观、人生观、法治观和道德观为多元考察视角，充分了解并挖掘中国赴海外留学生群体的思想状况，探明留学生群体的现实需要和面临的现实困扰，寻求与该群体相契合的思想教育切入点。因留学生行前准备工作不充足、留学教育体系缺乏思想教育观照、留学应急管理机制尚未形成、国外负面舆情的不良诱导以及种族主义带来的多元文化冲突等因素，中国赴海外留学生在爱国言行、文化认同、政治态度、心理状态以及法治素养等方面存在较多问题。分析影响因素，挖掘问题本质，并据此提出了有效规范中国赴海外留学生言行的对策建议，有助于规范中国赴海外留学生言行，使其自觉抵制资本主义腐朽意识形态和价值观念的侵蚀与渗透，增强自身的国家认同感。

综上所述，王瑶的论著《海外赤子心：中国赴海外留学生思想教育研究》是一部立意新颖、阐述全面、研究深刻的学术著作，在研究对象、学术观点和研究方法等方面都有较大创新，对于落实新时代中国赴海外留学生思想教育工作具有重要的理论价值和现实意义。江河滔滔不择细流，日月灼灼不拒萤辉，王瑶是我在吉林大学马克思主义学院指导的第一位博士研究生，其为学从学生时代开始就吝惜时光，勤于科研，持之以恒，以优异的专业成绩、积极的社会实践和较丰硕的科研成果先后获得硕士研究生国家奖学金、博士研究生国家奖学金。王瑶于2021年9月份毕业，获得博士学位，之后进入江苏大学马克思主义学院任教，相继获得学院青年教师讲课比赛特等奖、江苏大学团干部思政技能大比武（青年教师组）一等奖、江苏省决赛思政技能大比武（思政课教师）二等奖，主持教育部产学合作协同育人项目以及校级教改等多项课题，入选江苏省“双创博士”项目、第九届江苏大学青年文明号马克思主义学院思想政治教育“师范”专业“三全育人”团队等。这充分表明了她继续致力于所热爱的思想政治教育工作以及相关教学、科研的态度和精神，也证明了她较强的教学和科研能力。希望王瑶能坚守初心，谨记党的号召，坚持人民立场、问题导向，继续将自己的科研书写在祖国的大地上，将人民的需要作为自己永远的奋斗方向！

高德胜

2024 年 1 月 29 日

（序言作者简介：高德胜，博士，哈尔滨工业大学马克思主义学院教授、博士生导师，国家社科基金重大项目首席专家，黑龙江省高层次人才，黑龙江省高校思政课名师工作室主持人，哈尔滨工业大学思想政治教育专业学术带头人，吉林省应用思想政治教育研究会长，吉林省委法律专家库专家，光明网理论文章学术委员会委员。近年来，主持国家社科基金重大项目、国家社科基金重点项目、教育部人文社科规划项目等国家级、省部级项目 10 余项；在人民日报社等出版社公开出版教材及专著 5 部；在《马克思主义现实》《光明日报》《红旗文稿》等重要刊物公开发表论文 90 余篇，多篇文章被《新华文摘》、《中国社会科学文摘》、人大复印资料等书稿全文转载或观点转载；作为智库专家曾多次向国家机关提交内参报告与资政建议，有 18 篇决策咨询与内参报告分别被中共中央办公厅、黑龙江省委等国家机关采纳。）

目　录
CONTENTS

绪　论

步入中国特色社会主义新时代，我国外交布局全方位展开。作为跨国交流的重要载体，中国赴海外留学生群体数量不断壮大，成为思想教育领域的重点关注对象。据教育部最新数据显示，自改革开放以来，中国赴海外留学生总体数量超600万人，其中自费留学人员数量突破60万。可以说，经过40多年的飞速发展，我国已然成为世界最大的留学输出国，由此形成了庞大的中国赴海外留学生群体。关注中国赴海外留学生这一特殊群体的思想状况，发挥思想教育的规范和引导效用，是新时代思想政治教育需要面对的重要课题之一。

第一节　研究背景与研究意义

深刻认识推进中国赴海外留学生思想教育工作的背景和意义，对中国赴海外留学生思想教育问题提出新的解决措施，赋予中国赴海外留学生思想教育研究时代价值，有利于切实解决中国赴海外留学生思想教育的系列难题，扩展思想政治教育学科研究的专业视野，在实践层面真正提升中国赴海外留学生思想教育的实效性，进而不断为实现中国梦积蓄后备人才力量。

一、研究背景

中国赴海外留学生思想教育研究，需要立足于该特殊群体与思想政治教育学科发展以及中国特色社会主义新时代发展需求之间的紧密关系，并在深刻总结与剖析当前中国赴海外留学生群体特点和思想状况的基础上开展具体研究工作。

（一）时代要求：基于对新时代中国特色大国外交实践的思考

中国赴海外留学生伴随着中国外交战略的展开而出现和发展，国家外交战略的方向对于中国赴海外留学生的方向选择（如留学意向、留学国家、留学专业等）具有重要的引领作用。新中国成立以来，中国外交经历了救亡图存、自力更生、图谋发展到强化飞跃等不同阶段，逐渐形成了具有中国特色和中国风格的大国外交布局。尤其在新的历史时期，以习近平同志为核心的党中央领导集体面对复杂多变的世界新形势，站在党和国家发展的战略高度与长远角度，立足于发展中大国的身份定位，深入分析和准确判断当前世情、国情、党情，在外交战略上由“有所作为”迈向“奋发有为”。推进“一带一路”建设，打造新的国际合作平台；坚持共商共建共享，积极构建人类命运共同体；开创性地推进了中国特色大国外交及其实践。具有开创性的外交实践，为中国各项事业的发展带来了新的机遇与挑战，中国留学事业由此进入了新的发展阶段。

美国著名历史研究者勒芬·斯塔夫罗斯·斯塔夫里阿诺斯（Leften Stavros Stavrianos）认为：“每个时代都要编写它自己的历史。”① 每个历史阶段、每个时代都有其独特性，这种独特性无好坏之分，也无先进落

① 斯塔夫里阿诺斯．全球通史：从史前史到21世纪［M］．7版．修订版．北京：北京大学出版社，2005：致读者．

后一说，因为每个阶段都会面临属于当时的特殊问题，都要根据当时社会的具体状况寻求对应的解决方案。时至今日，随着中国特色大国外交方略的推进，经济全球化、教育国际化和文化多元化不断发展，我国基本形成了全方位、多层次、宽领域的国际教育交流合作格局。中国赴海外留学生作为国际教育合作的主体力量，在树立国家形象、增进国际交流等方面呈现出更加重要的作用。但在全球化格局之下，留学这一国际教育活动必然带来人才流动，这种情况对于发展中国家无疑是一个巨大的考验。发展中国家在通过留学途径为国家建设培养大量人才的同时，“也会迫使后发展国家为此付出一定的代价”①，例如，面临人才流失、外来文化侵袭等负面效应。发达国家则不同，它们在吸引人才方面有着得天独厚的条件，这些条件使它们在留学教育面前自带拉力效应特性，该特性正是吸引人才和进行文化输出的重要途径。所以，我们有必要结合中国特色大国外交方略的实践动向，找准属于我们国家的时代定位和发展要求，高度关注与深入考察以留学教育为代表的国际交流实践，兼顾出国前与出国后两大教育场域，全方位关注中国赴海外留学生的思想教育问题，及早形成对策，以此完善新时代中国留学教育，进而不断为实现中国梦积蓄后备人才力量。

（二）学科发展：基于对中国赴海外留学生思想教育缺位的反思

中国赴海外留学生属于社会特殊群体之一，他们有着独特的群体特点和作用，尤其在拓展国际教育合作、展示中国形象等方面格外突出。但由于各种原因，部分留学生价值观念变化不定，各种不端行为屡禁不止，甚至由于个人的不慎选择表现出一系列有辱国家形象的异常行为，这必然对我们的国家形象与利益维护产生恶劣影响。所以，面对部分中

① 邴正．教育国际化与后发展国家的文化［J］．教学与研究，1997（9）：52.

国赴海外留学生存在的各种不端言行问题，如何发挥思想教育的规范引导效用，是当代思想教育必须面对的时代课题。但是，留学生思想教育的实际状况令人担忧，虽然国内思想教育发展呈现一片欣欣向荣之势，但针对中国赴海外留学生开展的专题思想教育却很少。可以说，目前中国高校关于赴海外留学生的思想教育工作处于“无部门认领”的状态。虽然在关于留学生的教育系统中，从教育部国家留学基金委，到高校国际处或者学生处、就业指导中心，再到社会中介组织，都有开展留学生思想教育工作的必要，可实际情况是，教育部国家留学基金委并不具备此类专项职能；高校国际处或者学生处、就业指导中心等相关单位终日忙于常规性事务，对此无暇予以过多关注；社会出国留学中介组织除了基本出国流程安排，即便设立教育辅导，也仅限于外语辅导和辅助推荐，对于留学生的思想教育缺乏责任感。这就导致中国赴海外留学生思想教育呈现边缘化、形式化甚至真空化状态。中国赴海外留学生这样一个庞大的群体没有一个与之相对应的体系化的思想教育方案，不得不说是一个体制缺憾。所以，对中国赴海外留学生进行思想教育研究，提炼和剖析当前中国赴海外留学生存在的问题，并对此提出及时、全面、高效的思想教育工作体系，就成为新时代中国高等教育面临的一大历史新任务，这也是思想政治教育学科实现科学发展的重要路径之一。

（三）研究对象：基于对中国赴海外留学生这一特殊群体的关注

随着全球化进程的不断推进，国与国之间的交流日益增多，中国赴海外留学生群体作为跨国交流的重要载体随之不断壮大，逐渐成为思想政治教育应该关注的焦点群体之一。据中国教育部数据显示，近年来我国出国留学人数不断增加，是世界最大留学生生源国。但是数量和质量有时并不成正比，在留学生“出国更爱国”的一片呼声中难免混有一些不和谐的声音，部分留学生的不端言行正是这些不和谐声音的来源。

尤其近几年，部分留学生言行不端的事件不断被曝光，在一定程度上对我们的国家形象甚至是国家利益造成了很大的负面影响。而随着新时代社会各方面发展的迅速变化，人们面临的社会现实问题更加深刻复杂，逐渐呈现出群体化、层次化与特殊化趋势，中国赴海外留学生这一群体的层次性亦随着当前社会历史阶段客观环境的变化而变化。通过分析近年来《中国留学白皮书》等相关数据，发现中国赴海外留学生群体的层次变化和多元表现更为明显。主要呈现以下几个特点：一是留学生的家庭结构较之以往发生变化，有接近一半的留学生来自普通家庭，留学教育的大众认可度逐年提升；二是留学生的学历构成较之以往发生变化，留学不再是精英群体的代名词，有超过一半的留学生本科教育经历和毕业学校都甚为一般，越来越多的人想通过留学来提升自身竞争力，这一点同样适用于研究生群体；三是留学生的选择和需求结构较之以往发生变化，随着留学生群体不断呈现层次化趋势，其关于留学途径、留学地区及留学目的等方面的选择也更趋多元化，留学的趋利性与价值性处于不断博弈中。总而言之，新时代的留学教育生态在诸多不确定因素的影响下变得更为复杂。这样一个复杂的留学教育生态却没有相对应的体系化思想教育观照，问题丛生也就不足为奇。因此，有必要密切关注中国赴海外留学生的思想和心理变化，对其思想行为展开全面分析，进而提出对应的思想教育工作体系，有效规范海外留学生言行，增强其国家归属感、民族认同感、时代使命感。这不仅有助于留学生确立正确的价值观，也是树立我国国家形象以及人才战略储备的迫切所需。

二、研究意义

以中国赴海外留学生为研究主体，以建构留学生思想教育工作体系为目标，从理论基础、历史演变和现状问题出发，充分了解并挖掘中国赴海外留学生群体的思想状况，探明该群体的现实需要和困扰，寻求与该群体相契合的思想教育切入点，并据此提出有效规范中国赴海外留学生言行的对策建议。这既回应了当前思想教育亟须我们深入探索和付诸实践的对象性问题，又切实解决了中国赴海外留学生思想教育的系列难题，具有重要的理论意义和实践意义。

（一）理论意义

对中国赴海外留学生思想教育进行系统研究，就是要顺应时代要求，结合国内外形势和中国赴海外留学生特点，创新思想政治教育活动的模式、内容和载体，找到针对留学生开展思想教育的切入点，为教育活动提供现实的理性思考，深化学科理论性、目的性和科学性，使中国赴海外留学生思想教育不再停留于缺位状态。在思想教育视域内对中国赴海外留学生这一群体进行审视和研究，能够进一步拓宽思想教育研究对象的范畴，推进落实思想政治教育全程育人和国内国外全面覆盖。同时，在教育实践活动中，若要满足不同层次留学生群体的真切需要，找到相对应的教育方式，就需要进行多主体、多学科相互渗透，共同发挥作用。学科协同以找到最佳教育方案的过程，亦是拓宽研究视野，获得丰富理论启示的过程。总之，加强中国赴海外留学生思想教育研究是一项十分紧迫的时代任务，不仅是社会复杂化、留学生群体层次化等多个现实因素交织的必然结果，而且对于进一步促进思想政治教育学科发展以及扩展该领域研究的专业视野同样具有重要的理论意义。

（二）实践意义

中国赴海外留学生思想教育研究旨在解决中国赴海外留学生群体的多元化、多层次及其需求的多样性与目前缺位的思想教育工作体系之间的矛盾。并通过实证调查了解中国赴海外留学生这一群体的具体现实需要和迫切现实困扰，找到与之相对应的教育方式，以期帮助留学生群体顺利完成国外学习生活以及回国就业的有序过渡，增强留学生群体对主流意识形态和民族文化、国家荣誉的认同感，自觉抵制资本主义腐朽意识形态和价值观念的侵蚀与渗透。只有真正去贴近中国赴海外留学生群体，以问题为导向，充分挖掘、了解和熟悉留学生群体的独特性，感同身受，产生共鸣，才能使思想教育在实践操作中触及人心，在具体应用中发挥效用，在教育效果上满足留学生群体的切实所需。所以，立足实际的中国赴海外留学生思想教育研究对于解析留学生思想心理和行为变化，以期有效规范留学生言行，引导其树立正确的价值观，激发其为国争光的昂扬斗志，进而不断为实现中国梦积蓄后备人才力量具有重要的实践意义。

第二节　国内外研究现状

把“中国赴海外留学生”作为核心关键词，以中国知网、人大报刊复印资料、超星数字图书馆、EBSCO 检索平台、JSTOR 电子书数据库为主要检索平台，梳理和分析国内外关于中国赴海外留学生思想教育的相关研究，可以发现基于新的时代背景，中国赴海外留学生作为社会特殊群体之一，逐渐进入思想教育研究视野，但目前关于中国赴海外留学生思想教育的相关研究资料并不多。

一、国内研究综述

以中国知网 CNKI 数据平台的检索结果为例，以“中国赴海外留学生思想教育”为最小限定主题词进行检索，所得对应文章仅 4 篇（截至 2023 年 12 月 31 日）。其中一篇硕士学位论文基于跨文化视域对中国海外留学生展开思想教育研究，这是笔者所在研究团队的成果。另外两篇期刊论文分别是由北京师范大学珠海分校于佳齐发表于 2016 年第 30 期《教育教学论坛》的《浅谈中国海外留学生思想政治教育》和西南科技大学姚明发表于 2006 年第 3 期《东南亚纵横》的《中国海外留学生思想政治教育刍议》。其中，于佳齐给出了国内外针对中国海外留学生进行思想教育的主体，但是并没有给出对留学生群体进行思想政治教育的具体路径；姚明从心理学入手，分析了中国赴海外留学生存在的问题，并借鉴心理学方法给出了对留学生进行思想教育的方式，但其给出的教育方式与载体仍旧没有跳出传统思想政治教育的局限。此外，鲁杰对我国改革开放以来的海外留学生思想状况展开了研究，并指导其硕士研究生完成学位论文一篇，其研究思路对本书具有重要启发作用，但其梳理留学生教育发展历程的时间跨度有限。刘海春等人于 2019 年 11 月在人民出版社出版著作《我国高校交换生思想政治教育研究》，该著作以高校交换生为研究对象，着眼于提升交换生思想教育的相关工作，并提出相应的交换生思想政治教育方式，将交换生思想政治教育纳入社会主义核心价值观教育范畴，这对本书具有重要的借鉴价值。但该著作的研究对象存在局限性，高校交换生属于中国赴海外留学生的一种。根据教育部最新数据，中国赴海外留学生这一数量庞大的群体中，公派留学生占比不足十成。因此，就目前来看，国内学者关于“中国赴海外留学生思想教育”的研究仍不够全面，如单一分析语言学习、安全、跨文化或者就业等方面，又如集中研究某单一群体（比如交换生）。由此所得研究成果并不能客观反映中国赴海外留学生群体的真实思想状况，亦不能切实发挥思想教育服务留学生的价值效用。

本书着眼于我国赴海外留学生，留学类别包含公派和自费两种。以此为前提，有重点地探讨以大学生群体为主的自费留学生。毕竟，公派留学生一般都是符合相关申请要求、具备一定知识背景的优秀人才，大部分公费留学生思想水平较之自费留学生更为稳定。在中国留学事业如火如荼的发展进程中，留学途径多种多样，留学中介形形色色，留学门槛更是参差不齐，基于该形势产生的庞大的自费留学生群体在很大程度上造成了中国赴海外留学生队伍“鱼龙混杂”的现象，这正是海外留学生出现各种问题的主要原因之一，同时也对开展留学生思想教育工作造成了极大困难。因此，中国赴海外留学生思想教育研究重点关注以大学生群体为主力的自费留学生群体。总之，本书将从学界现有成果中汲取有益借鉴，并结合留学教育政策演变和留学生跨文化适应、教育内容、教育方法以及归国就业状况等角度，对中国赴海外留学生思想教育的国内研究现状进行详细述评。

（一）关于中国留学教育政策演变研究

对于这一子主题的研究，王雪萍、刘艳、于海峰等人的研究成果具有重大参考价值。王雪萍的研究集中于 1980 年至 1984 年间中国赴日国家公派留学生政策的变迁历程，① 并在梳理历史资料的过程中，将赴日公派政策总结为启动、实施和反馈三个时期，就不同时期的具体状况做出了详细论述，为本书梳理中国赴海外留学生思想教育的历史阶段打开了思路。② 刘艳关于留学政策演变的研究立足于新中国成立以来的政策变迁过程，揭示了中国留学教育工作的曲折发展历程。她认为改革开放后中国留学政策才真正迈向规范化。于海峰从留学制度的视角对中国出国留学政策的变迁进程③展开研究，通过制度确立历程来折射留学政策

---

① 王雪萍．当代中国留学政策研究：1980—1984 年赴日国家公派本科留学生政策始末［M］．北京：世界知识出版社，2009：2.

② 刘艳．新中国出国留学政策变迁研究（1949—2014）［D］．长春：东北师范大学，2016.

③ 于海峰．当代中国留学制度研究［D］．长春：东北师范大学，2008.

的发展过程，以此对中国留学政策展开分阶段研究。刘艳和于海峰从不同视角阐释了中国留学政策演变历程，这为本书梳理留学教育政策演变过程以及提取思想教育元素提供了重要知识借鉴。

此外，陈昌贵通过评述留学政策，对我国留学教育的未来走向和政策制定提出了一些思考和建议。① 孔志洪等人则为本书提供了更为精准的视角，提出基于高校视野的留学政策演变，以高校教育为评价基底，对中国留学政策进行不同解读和剖析。② 同时，还有一些学者从各自的研究专长出发，基于不同角度对中国留学政策展开研究，包括政策变迁历史以及国内外发展对比等，这都为本书的留学政策梳理提供了丰富的史料支撑。总之，当前学界关于中国留学政策的研究已经比较成熟，并且形成了一定的成果积累，但是透过留学政策演变分析中国留学生思想教育的研究较少。换言之，从思想教育角度对中国留学事业发展及其政策演变过程展开的研究甚少。但无论是政策制定还是教育发展，都会随着时代的发展变化而不断调整。比如，中国特色社会主义新时代的中国赴海外国留学实践，就是新时代留学政策不断完善的重要依据；中国特色社会主义新时代的中国赴海外国留学实践，同样是新时代赴海外留学生思想教育研究的实践依据。因此，本书在总结分析以往研究成果的基础上，不只局限于留学政策演变，同时还要结合中国思想政治教育发展史，依据不同历史阶段中国留学教育实践的具体要求，对中国赴海外留学生思想教育的历史演变做出明确划分。

（二）关于中国赴海外留学生跨文化适应研究

一般来讲，留学生出国后面临的首要问题就是跨文化适应，跨文化

① 陈昌贵．1978—2006：我国出国留学政策的演变与未来走向［J］．高教探索，2007（5）：30-34.

② 孔志洪，郭耀邦，陈丽，等．高校出国留学政策研究［J］．中国高等医学教育，2000（6）：3-5.

适应程度对留学效果具有直接影响。跨文化适应主要表现为两方面，即心理接受与文化认同。中国赴海外留学生作为社会特殊群体，在异域留学这一跨文化环境中，容易被“标签化”。“标签化”是跨文化的产物之一，其突出特点是趋同性。在“标签化”的聚合作用下，留学生的心理状态与其所属群体的大部分人心理状态趋同。因此，关注留学生群体心理状态有助于了解留学生个体的心理过渡情况。重视留学生跨文化适应状况与能力，在群体效应（或朋辈效应）作用下，引导留学生理性对待国内外文化，做到以我为主、为我所用，正是留学生思想教育的重要内容。但目前来看，学界关于留学生跨文化适应的研究成果多集中于在华留学生。比如，李萍对在华留学生进行问卷调查，发现主要问题并提出相应的管理对策，填补了留学生跨文化适应研究领域的实证空白，增强了留学生跨文化适应研究的实效性。① 吕催芳则通过对在华留学生进行深度访谈，进一步分析留学生跨文化适应状况。②

此外，以跨文化思想教育为视角的研究也为本书写作提供了一定思路。在国际交流方面，全球化发展带来的影响并不只体现在经济层面，文化、政治等层面同样会或多或少地受到来自全球化的影响。以文化层面为例，跨文化就是全球化在文化层面产生影响的外化表现。由全球化带来的跨文化效应也为留学生思想教育研究提供了新的切入点。例如，肖微在《大学生跨文化思想政治教育刍议：以高等教育国际化为视角》一文中指出跨文化效应是思想政治教育解决留学生群体间文化信仰问题

① 李萍．留学生跨文化适应现状与管理对策研究［J］．浙江社会科学，2009（5）：114-118.

② 吕催芳．中国在美留学生心理和社会文化适应质性研究［J］．教育学术月刊，2017（5）：3-13.

的重要辅助，[①] 并在《跨文化思想政治教育的研究现状与特点分析：基于“高等教育国际化”的视角》一文中，着重概括了国内和国外跨文化思想政治教育的研究现状，分析跨文化思想政治教育的基本特点，为应对文化冲突、增强思想政治教育实效性提供多方位视角。[②] 张荣华在《跨文化视野下大学生思想政治教育自洽性的构建》一文中提出在跨文化情境中，高校思想政治教育应当从以下三方面入手：培育大学生的政治实践素养、文化认同观念和自我价值方向。[③] 任志峰则从文化理论和现实问题角度出发，对思想政治教育跨文化理论进行比较和互动研究，并从方法论角度丰富了思想政治教育跨文化研究领域。[④]

不难看出，已有研究成果中，无论是实证性的研究方法（包含量化问卷、质化访谈等）还是具体的跨文化情境分析及相关实践对策，都为进一步深化本书提供了有益借鉴。需要强调的是，在跨文化适应这一问题中，朋辈群体的趋同化是一个不可忽视的重要因素，也是影响留学生思想教育效果的关键因素。但已有研究成果对于该问题涉及寥寥。这既是以往研究存在的不足，也是本书的研究重点之一。

（三）关于中国赴海外留学生思想教育内容研究

当前学界对于思想政治教育内容及其构成是有一定共识的。比如，周湘莲在《试论思想政治教育内容整体构建的历史经验》一文中，明确了通识意义上的思想政治教育内容，提出“我党思想政治教育经过

① 肖微．大学生跨文化思想政治教育刍议：以高等教育国际化为视角［J］．兰州教育学院学报，2015，31（7）：64-65，67.

② 肖微．跨文化思想政治教育的研究现状与特点分析：基于“高等教育国际化”的视角［J］．科技创业，2015，28（4）：83-84.

③ 张荣华．跨文化视野下大学生思想政治教育自洽性的构建［J］．国家教育行政学院学报，2012（2）：55-59.

④ 任志锋．思想政治教育跨文化研究方法论刍议［J］．思想教育研究，2016（2）：18-21.

80 余年的发展，形成了政治教育、思想教育、道德教育、法纪教育和心理教育等基本内容”①。中国赴海外留学生思想教育是思想政治教育的分支，其教育内容范畴离不开思想政治教育的基础内容范畴。但中国赴海外留学生思想教育因其教育对象的特殊性，所以在通识性教育内容的基础上，又必然包含与中国赴海外留学生群体相关的特定教育内容。正如孙其昂提出的：“思想政治教育内容是结构性存在，表现为‘主导—基础—拓展’结构。”② 中国赴海外留学生思想教育的内容符合一般意义上思想政治教育内容的结构性，因而在内容构成方面也是由方向性的主导内容、基础教育内容以及特定拓展内容三部分组成。其中，拓展内容会随着留学生在不同时代所面临的具体问题的变化而相应调整。比如，信息社会以来，心理素质教育、网络爱国主义教育、消费观引导教育等都是新增加的内容。以消费观引导教育为例，随着人们生活消费水平的提高，国内对于外国商品消费需求日益增长，代购产业迅速发展，部分留学生逐渐被卷入消费洪流中。中国赴海外留学生的消费问题以及由海外代购行为引发的系列问题就成为留学生思想教育研究的热点内容。

例如，陈科、崔瑜铄、尚光辉等人在《中国在韩留学生消费行为调查与分析》一文中，通过调查我国在韩留学生消费的现状，分析在韩大学生消费的特征、存在的问题，提出了一些消费建议与解决方案。他们认为：“促进中国在韩留学生良好消费健康发展任重而道远，需要通过多渠道的指导方式，正确引导赴韩留学生的世界观、人生观，养成

---

① 周湘莲．试论思想政治教育内容整体构建的历史经验［J］．理论探讨，2005（6）：141-143.

② 孙其昂，韩菁菁．《思想政治教育现代转型研究》课题成果展示［J］．思想政治教育研究，2015（4）：138.

理性的消费价值观，提高个人的消费习惯及消费素养。”① 黎阳阳采用网络调查问卷，以赴泰留学生为研究对象，就留学生消费相关的问题展开调查，并提出解决措施，如出国前引导，这为中国赴海外留学生行前思想教育提供了一些参考。② 再如，随着疫情的暴发及蔓延，中国赴海外留学生的学习生活以及消费状态都受到来自疫情不同程度的影响。史涤霏、邹心博、李岚茜在《疫情对中国赴美留学生消费心理的影响》一文中，对中国赴美留学生疫情防控期间的消费行为展开调研，分析疫情对留学生消费造成的不同影响，并通过与国内大学生的对比分析，探索有着相同成长背景的同龄人由于所在国家不同所带来的一些选择差异。③

中国赴海外留学生群体中“代购现象”十分普遍。英国广播公司 BBC 曾为此做过一部纪录片，跟拍在国外做代购的中国留学生的生活。国际交流的便利、中国人购买力的提高以及代购途径的多样化，都为扩大海外代购市场提供了动力。据中国报告网数据显示，我国海外代购市场交易规模不断增长，一些中国留学生为解决生活费用问题，亦借势加入“代购”行列，如澳大利亚留学生。据部分赴澳大利亚留学的中国学生反馈，留学生业余时间从事代购业务的行为比较常见，其身边中国留学生群体中约 20% 的人都参与过代购业务。但随之而来的诸多问题却让我们不得不警惕留学生群体因各种主客观原因造成的不当代购行为，如“非法代购”。法律对于合法代购、“非法代购”、违法走私等行

① 陈科，崔瑜铄，尚光辉．中国在韩留学生消费行为调查与分析［J］．中国商论，2021（4）：37.

② 黎阳阳．广西赴泰留学生跨文化学习适应状况调查研究［J］．高教论坛，2020（9）：104-107.

③ 史涤霏，邹心博，李岚茜．疫情对中国赴美留学生消费心理的影响［J］．现代商业，2021（2）：33-37.

为有着明确的规定，但部分留学生由于法治素养薄弱，加之行前缺乏相关内容的培训与关注，所以在代购问题上极易触犯法律底线。例如2014 年，在英国留学的希同学就因“非法代购”被判入狱。但是关于这一问题，目前学界并没有太多关注。笔者通过检索发现，庄睿、于德山就中国留学生的代购行为展开过一定研究，其文章“从用户本身出发，基于传播隐私管理理论的分析框架，对中国留学生代购群体的社交媒体隐私管理行为展开研究”①。显然，该文更多关注留学生代购所依靠的载体，即留学生社交媒体的隐私管理问题，而对代购属性和代购行为并没有做出深入研究。同时，与代购行为相关联的部分留学生奢侈品消费行为同样需要引起中国赴海外留学生思想教育的关注。郑锦鸿曾对中国赴英留学生奢侈品消费动因进行过研究，并将影响中国赴海外留学生消费行为决策的因素概括为炫耀型、享乐型、攀比型、中国人传统的面子意识及中国的送礼文化。但是，对于如何结合留学生的奢侈品消费动因，化解和转变留学生的不当消费心理问题，并没有给出具体的应对之策②。

总之，学界关于留学生思想教育内容的研究随着时代的不断发展变化而丰富创新。但是，中国赴海外留学生教育的现状及其面临的机遇和困难无不显示着这些研究仍然没有契合当前时代特点，仍然未能满足群体特定需求。中国赴海外留学生群体思想的多元性、层次性，决定了针对该群体所开展的思想教育内容的具体性（留学生群体想要关注的问题都是亟须解决的实际问题）、差异性（留学生群体层次化明显）以及生活化（从生活角度出发且贴近实际的思想教育内容更具针对性和说

① 庄睿，于德山．作为情感劳动的隐私管理：中国留学生代购群体的社交媒体平台隐私管理研究［J］. 新闻记者，2021（1）：80.

② 郑锦鸿．中国赴英留学生奢侈品消费动因研究［D］. 北京：北京化工大学，2017.

服力）等特点。本书在现有研究基础之上，结合当前中国赴海外留学生关注的热点问题，将现实问题与留学生思想教育内容进行对接，从而有目的、有计划地向留学生传导带有价值引导性和行为规范性的思想观念。

（四）关于中国赴海外留学生思想教育方法研究

教育方法直接影响着留学生思想教育的效果和目标。中国赴海外留学生思想教育所采用的教育方法主要表现为理论教育法和实践锻炼法。理论教育法是指针对准留学生开展的行前讲座或谈话，主要以中国留学服务中心举办的行前教育讲座为主。实践锻炼法是指针对准留学生开展的以模拟练习为主的行前安全培训。这类培训首先由专业教官结合以往发生于留学生群体间的典型安全案例加以演示和讲解，向同学们普及安全知识、预测安全问题、提出防范措施，并有重点地提醒大家防范软性毒品、注意交友安全、熟悉并遵守所在地法律法规等；其次针对部分国家枪支合法、毒品合法以及可能存在恐怖袭击的隐患，锻炼同学们在这种恶劣事件中的应急反应能力；再次是意识形态领域内的安全问题，比如，牢记国家安全、抵制邪教侵蚀等；最后实地演习安全技巧，如突发状况的应急举措和逃生办法。这类培训式的教育方式颇具实用性，能有效帮助同学们在实践练习中获得在国外学习生活所必备的安全常识和技巧。目前来讲，中国赴海外留学生的思想教育大多局限于以上两种方式，其关注的内容也比较局限。受教育方式所限，对于近年来留学生在海外学习期间发生的文化冲突、心理不适、思想跑偏等问题并没有很好的介入方式和教育方式。但与此同时，现实中（尤其是近年来）发生于中国赴海外留学生群体间的各种问题依旧层出不穷，这说明中国赴海外留学生的思想教育在其实效性上并未得到根本提升。

国内学界没有系统化的中国赴海外留学生思想教育方法研究。就目前已有研究成果来看，一方面，关于留学生思想教育方法研究主要集中于留学生日常教育管理和网络爱国主义教育研究这两个类别。比如，田红超提出："针对海外留学生党员日常教育管理的制度却相对较为缺乏，基层党组织对留学生党员在海外的教育、监督、管理相对弱化，一定程度上影响了学生党员理想信念的持续培育和入党再教育的持续深入。"① 因此，为提升海外留学生党员教育成效，在其《新时代海外留学生党员日常教育管理方法探索研究》一文中，他提出"基层党组织要从教育党员、管理党员、监督党员入手"②，并建议建立网络党建、海外支部以及加强评估监督等措施。留学生党员作为留学生群体中的先进部分，在日常学习和生活中对其他留学生能够起到积极带头作用。因此，优化海外留学生党员的日常教育管理方法，发挥留学生党员的模范带头作用，对于提升中国赴海外留学生思想教育的实效性大有裨益。此外，关于中国赴海外留学生的网络爱国主义教育方法，陈冲、周舒漫立足后疫情时代下更为复杂的国际环境，对加强中国留学生网络爱国主义教育提出了几点思考。比如，创新内容体系和传播方式；积极开拓海内外传播平台；积极改善网络舆论环境；不断增强"四个自信"，提升网络爱国主义教育质量③等。随着网络平台这一社交媒介逐渐渗透人们的日常生活，网络平台逐渐成为思想教育的重要载体之一。陈冲等人对网络爱国主义教育提出的几点思考，为在网络平台关照留学生思想教育状况提供了有益方法借鉴。另一方面，关于留学生思想教育方法研究还表

① 田红超．新时代海外留学生党员日常教育管理方法探索研究［J］．开封文化艺术职业学院学报，2020，40（8）：189.

② 田红超．新时代海外留学生党员日常教育管理方法探索研究［J］．开封文化艺术职业学院学报，2020，40（8）：189.

③ 陈冲，周舒漫．后疫情时代留学生网络爱国主义教育初探［N］．中国青年报，2020-11-23（2）.

现为来华留学生的思想道德教育研究。国内学界关于来华留学生的相关研究，在一定程度上为研究中国赴海外留学生思想教育打开了新的视角。佳木斯大学的王春刚老师一直致力于来华留学生的思想教育研究，笔者也曾就相关问题请教过王老师，获得了诸多宝贵建议和指导。在对留学生进行思想教育的方法选择这一问题上，王老师认为应该结合留学生教育规律及相关教育原则，综合使用或者选取合适的教育方法。例如，同辈教育法是指教育者引领来华留学生同学之间开展互帮互助活动，以同学形式开展思想道德教育的方法。① 同辈群体对留学生来讲，无论在学习还是生活方面，都是不可或缺的互助群体。依靠同辈群体开展思想教育工作，将教育过程内嵌于日常学习与生活交流过程中，这对提升思想教育实效性、拉近留学生心理距离、保证教育过程顺利完成具有重要意义。所以说，王春刚老师针对来华留学生提出的同辈教育法及其子教育法（同辈学习法、同辈讨论法、同辈谈心法），对于完善中国赴海外留学生思想教育方法助益良多。除此之外，冯洁认为对来华留学生进行思想政治教育，除了需要合适的教育方法之外，教育内容也是影响留学生思想政治教育实效性的关键。毕竟，“碎片化、随机化、形式化的教学内容是无法有效改变他们的既有认识的。因此，建立、健全一个完整的专门针对外国留学生的思想政治教育体系，势在必行。”② 其提出的建构思想教育体系这一想法，与本书的想法不谋而合。但是中国赴海外留学生思想教育研究不能仅依据不同留学阶段提出体系化教育方式，还需要在教育主体和教育内容层面分别做出体系化处理和研究，才是更为全面的留学生思想教育体系建构。

---

① 王春刚，王凤丽．来华留学生思想道德教育方法探析［J］．佳木斯大学社会科学学报，2019，37（2）：191.

② 冯洁．中国高校外国留学生思想政治教育的问题与对策［J］．海南广播电视大学学报，2017，18（1）：15.

另外，在中国赴海外留学生思想教育的教育方式研究中，笔者还沿用了高德胜教授提出的“思想政治教育诊所教育”方式。该教育方式是高德胜教授依据法律诊所教育而提出的新的教育方式，他指出，在直面留学生群体的过程中了解信息、发现问题、沟通情感，进而开展真正的思想教育，就好比是医生之于患者①。关于法律诊所教育，类似于一种临床性的法学教育模式，是指在法学教育过程中教师指导学生参与实质性法律实践并通过实践掌握相关法律规则和理论知识的教育模式。马永梅在其文章《法律诊所教育与法学教学实践评价模式的改革研究》中揭示了引进法律诊所教育时我国法学教育实践存在的问题：“我国当前的法学教学实践本身存在问题，甚至法学教学实践流于形式。引进法律诊所教育，就是改革我国的法学教学实践。”② 法律诊所教育作为一种教学模式，强调实践性，重视引导作用，旨在促进学生知行间的能力转化。这一教育模式对突破以往零散的、理论化的留学生思想教育困境提供了借鉴。将法律与思想政治教育相结合，形成独具特色的“思想政治教育诊所教育”，引入中国赴海外留学生思想教育领域，成为提升留学生思想教育实效性的有效方法和途径。

（五）关于中国赴海外留学生归国就业状况研究

关于中国赴海外留学生归国就业状况的研究，一般都与留学生人才流失研究相联系。改革开放初期是中国赴海外留学生研究的高峰时期，涌现出大批与该主题相关的著作和文章。例如，以王奇生为代表的学者着重研究了抗战时期留学生归国与就业状况。其在《抗战期间留学生

---

① 高德胜，王瑶，张耀灿．思想政治教育学的当代转向：应用思想政治教育的内涵与特征［J］．思想教育研究，2018（5）：27-31.

② 马永梅．法律诊所教育与法学教学实践评价模式的改革研究［J］．理论导刊，2007（2）：75.

群像初探》一文中提到，这一时期的留学生将归国就业与民族大义系为一体，踊跃地参加前方或后方的实际救亡工作，誓为政府抗战后盾。① 近几年，关于留学生人才流失的问题则多见于年度留学报告。王耀辉连续多年对留学生归国人群展开研究，对该群体的基本构成有了全面认知，是目前学界系统研究中国留学生归国人群的第一人。其撰写的2012年至2017年的中国留学发展报告，不仅对新的历史时期中国留学事业的发展前景和现状做出预测和评价，还重点报告了中国留学人员归国的工作状况，比如，留学生回国后的工作种类、就业前景、创业动向以及具体现状等。并根据调查分析，在吸引留学生归国人才方面提出了一些建议，这对促进中国留学事业发展及取得工作实效发挥了重要作用。可以说，该系列报告是本书了解近几年中国赴海外留学生归国就业趋势的重要数据来源，同时该调查报告也为本书搭建留学生归国就业平台提供了有益借鉴②。

此外，陈昌贵关于留学生人才流失也有一定研究。其《人才外流与回归》一书就人才流失与回归等不同主题，详细阐释了造成人才不同选择结果的历史原因，从多方面解析人才外流与回归的影响因素，并依据相关影响因素提出建议。但是，陈昌贵对于留学生人才流失的研究时间段较早（集中于20世纪末），因而关于人才外流的具体情况与当前新时代留学生人才外流局面有所不同③。所以，对于陈昌贵的研究成果，我们应该在结合当时的社会状况以及留学状况的基础上加以解读和借鉴。总之，不论哪一历史阶段，随着我国社会各方面发展急需大量人才这一现实要求的出现，我国政府都采取了诸多措施吸引人才回流。于

---

① 王奇生．抗战期间留学生群像初探［J］．近代史研究，1989（4）：262-275.

② 欧美同学会·中国留学人员联谊会．21世纪中国留学人员状况蓝皮书［M］．北京：华文出版社，2017.

③ 陈昌贵．人才外流与回归［M］．武汉：湖北教育出版社，1996.

是学界越来越多的专家开始关注留学生归国就业这一问题的研究。陈昌贵还对留学生回国后的具体工作与生活状态做出了后续跟踪调查，发现有很大一部分留学回国人员对自己的生活状态和工作都不是很满意，他们在学习、生活以及心理等方面都遇到了各种不同程度的问题，这些问题的出现对海外留学生的归国就业和生活过渡产生了不同程度的影响。对这些问题加以分析并提炼相应解决方法，有助于中国留学生回国后早日实现学习和生活的顺利过渡，这也是本书的切入点之一。

二、国外研究综述

国外学者对其本国留学生和中国留学生都有着一定程度的关注和研究。但中外意识形态与制度体制等方面的不同，使得国内外关于留学生问题的研究各有侧重点。梳理国外与该主题相关的研究成果后发现，其研究重点主要集中于中国留学生、跨文化适应和人才流失三方面。具体来讲，国外关于留学生的爱国主义教育、相关教育经验和具体方式方法等方面都对中国赴海外留学生思想教育研究有所启发。

（一）关于中国留学生的基础研究

基于他者视角，国外关于中国留学生的基础研究对于本书的内容完善和视野拓展具有重要意义。国外关于中国留学生的研究主要集中在日本和美国。在日本学界，松本亀次郎和实藤惠秀是研究中国留学生的主要学者。松本亀次郎门下有很多中国赴日留学生，因而对中国留学生有着丰富的日常观察和教育记录，其专著《中华留学生教育小史》的主题就是回顾自己教育中国留学生的历程。实藤惠秀是中国赴日留学生的专业研究学者。20 世纪 60 年代，实藤惠秀出版了一部历史专著，书中结合史料探讨了中国赴日留学生学成归国后给中国各方面建设带来的影响，可以说是日本著作中关于中国人留学日本内容最为公正全面的一部专著。[①] 除此之外，实藤惠秀先生还有一系列相关著作，如 1941 年《近代日支文化论》、1981 年《中国留学生史谈》、1985 年《日中友好百花》等。

改革开放后，中国派遣留学生去日本的计划又一次启动，中日留学交流为两国学者研究留学主题尤其是梳理相关史料奠定了重要的实践基础。自中国 1978 年重启赴日留学之后，留学教育实践不断深化发展，至 21 世纪初，日本学者在此期间出版了多部以中国留学生为主题的专著。如《亚洲教育交流——亚洲人留学日本的历史与现状》《中国人留学日本史之现阶段》等。经分析查证，这一阶段日本关于中国留学生的研究主要集中于文化教育角度，如文化影响、归国后文化适应及其留学现状等。整体来看，日本学者对中国赴日留学生展开的相关研究成果，具有原始资料丰富、研究方法科学、数据处理严谨、研究主题系统等特点。只是，留学教育毕竟牵涉两国教育交流，难免受到国际关系和政治风向的影响，日本对于中国赴日留学生的研究自然也逃不过这一法则。但就其客观内容来讲，取其精华为我所用，日本学者对于一手资料的梳理及其翔实的数据研究是值得我们借鉴的。

中国学生赴美留学也是一大趋势。美国学者史黛西·比勒（Stacey Bieler）对中国赴美留学教育进行了历史溯源，分批次分阶段研究中国留美学生，并着重研究和介绍了新中国成立之前和改革开放之后的中国学生留美现象。在其论述中，我们能深切感受到每一代留学海外的中国先进知识分子为祖国建设而做出的努力和改变。可以说，美国学界比较重视研究中国留学教育。但同样不可否认的是，中美之间的留学活动受

① 邵宝．清末留日学生与日本社会［D］．苏州：苏州大学，2013．

两国外交关系波动的影响较大。比如，受贸易战影响，教育部 2019 年 6 月 3 日下午在国新办发布 2019 年第 1 号留学预警。预警分析了在贸易战期间中国学生赴美留学申请过程中可能出现的各种困难和阻碍，并提醒在美留学生以及拟出国留学生在特殊时期特殊应对、做好行前准备等。总之，以上研究及其现实问题提醒笔者：一方面，现实环境的变化对于国内外学者开展以留学生为主题的相关研究产生了极大影响；另一方面也启发我们关于该主题的研究必须基于现实国际环境的充分考量。

（二）关于留学生跨文化适应研究

跨文化适应是国际交流尤其是留学教育过程中最常见的问题。关于留学生跨文化适应方面的研究，美国人类学家欧贝格（Kalervo Oberg）和跨文化心理学家约翰·维杜曾·伯里（John Widdup Berry）的相关研究最具代表性。他们将跨文化适应分为不同阶段不同类型，认为人类的跨文化适应是一个循序渐进、具有规律可循的过程。对他们的相关研究成果加以学习和分析，有利于我们更好地理解和把握跨文化，助益中国赴海外留学生思想教育中的跨文化适应研究。

此外，2019 年 9 月 4 日下午，日本冈山大学田中共子教授应邀参加吉林大学哲学社会学院国际化示范基地学术讲座，在她带来的“跨文化交流和健康心理学”的讲座中，从心理学角度出发，认为传统西方理论在实际分析亚洲的心理学案例中并不具有普适性，提出应当构建适用于亚洲现象、能够解决亚洲问题、基于亚洲概念的新的心理学理论体系。毕竟，当今世界各国各领域间的交流日趋密切，在这种跨文化交际活动中不可避免地产生了各式各样的心理学现象。基于此，田中共子教授提出跨文化健康心理学概念，并于 2001 年至今，就“在日留学生与国际护理员的跨文化适应”“日本高中生在美国的跨文化适应”“日、美社交技能学习”“寄宿家庭研究”等主题，通过问卷调查、实验、定性调查等社会研究方法进行了约9个案例的研究，得出正确理解异国文化价值观、正确分析异国社会情境以及主动学习异国社交技能，会有利于留学生或国际务工人员的心理调节等结论。田中共子教授在心理学层面给出的跨文化适应结论，同样适用于中国赴海外留学生群体，对于完善留学行前培训内容以及助力留学生适应海外留学生活具有重要作用。

（三）关于留学生人才流失研究

国外学者关于该主题的研究主要集中于国际人才流动和留学生人才流失两方面。其中，诸多已有研究成果展示了国际人才流动的主要特点及影响：一是国际人才外流说明人才流入国家较之人才流出国家具有更多吸引人才的拉力因素，比如，经济、就业、科技、出生地、配偶所在地等因素；二是国际人才流动差越大，对于人才流出国的负面影响越大，越不利于人才流出国的发展；三是随着中国社会各方面的进步和发展，在中国和美国之间，越来越多的中国留学生选择回国发展，因而国家的创新动能将会随着留学人才这一选择的历史性变化而从美国向中国倾斜。

关于留学生人才流失原因的研究。贾格迪茨·巴格瓦提更为全面和具体地论述了人才流失对人才流出国造成的诸多负面影响，并认为留学生人才流失是导致人才流出国落后的主要因素，这关涉一个国家的人才战略储备问题。[①] 随后，戴威·兹维格（David Zweig）进一步研究了20世纪末中国留学生人才流失的具体状况，并将当时中国留学生人才流失的原因归结为收入、住房、就业环境及其发展前景等经济因素。今天，随着中国软实力和硬实力的逐步加强，经济实力的日益提高以及就业环境的全面改善，中国留学生人才流失的程度也随之逐渐降低，学成归国

---

① BHAGWATI J N. The Brain Drain International Social Science Journal［M］. 天津：南开大学出版社，1976：691-729.

发展逐渐成为中国赴海外留学生的主流选择。① 从 1978 年到 2018 年年末之间，有超过 80%的中国赴海外留学生选择回国发展。当然，这一主流趋势并不代表影响留学生归国就业的因素已经完全消失。

在新的历史时期，留学生回国就业面临着新的影响因素，这需要本书在以往国内外研究的基础上结合时代要求进一步归纳和分析，归纳吸取以往人才流失的教训，全方位考量人才吸引对策，以此搭建就业创业服务平台，吸引海外人才回流，帮助其向再社会化过渡。

总而言之，从国内外对中国赴海外留学生思想教育相关问题的现有研究来看，国内外研究各有其侧重点。但无论是国内还是国外，对留学生思想教育的研究大多侧重于某单一方面，没有形成体系化研究。基于此，为进一步推进中国赴海外留学生思想教育工作的开展，首先，我们要将国内以往碎片化的留学生思想研究和教育实践加以整合分析；其次，要对世界各国或地区的中国留学生现状展开实证研究，明确留学生现存的诸多思想教育问题；最后，还需借鉴各国留学生教育在具体实务中的应用经验，对海外留学生教育实践活动进行持续关注和深入研究。

第三节　研究内容和研究方法

从中国赴海外留学生面临的系列问题出发，结合中国留学教育史料和政策演变，以马克思主义人学理论、跨文化适应理论、推拉理论等为依据，综合实际访谈案例、访学日记、论坛跟踪以及教育部留学服务中心的工作动态等，分析归纳中国赴海外留学生在思想层面暴露出的各种

① 戴威·兹维格，陈昌贵．中国脑流失在美国：90 年代中国留学生、学者的观点［Z］. 柏克利：加利福尼亚大学伯克利分校东亚研究所，1995.

问题，得出中国赴海外留学生面临的各种思想问题是多种因素交互的结果。分析影响因素，挖掘问题本质，并据此就出国前、留学中和回国前三个教育场域分别提出相对应的中国赴海外留学生思想教育实践路径。总之，本书旨在切实解决中国赴海外留学生思想教育的系列难题，扩展思想教育学科研究的专业视野，进而不断为实现中国梦积蓄后备人才力量。

一、研究内容

通过分析时代与学科发展背景，论述该主题研究的紧迫性以及加强中国赴海外留学生思想教育工作的重要性。在此基础上，进一步明晰本书的逻辑思路和整体布局，主要包括以下五部分内容。

第一章对中国赴海外留学生思想教育进行基本概述。首先，解读留学生思想教育基本内涵；其次，从前提、基础和要素等方面阐释留学生思想教育的基本构成；最后，结合时代特征与现实需求，深刻认识推进中国赴海外留学生思想教育工作的必要性，赋予中国赴海外留学生思想教育研究时代价值。

第二章阐明中国赴海外留学生思想教育研究的理论依据。马克思主义人学理论、世界历史理论为中国赴海外留学生思想教育提供了根本价值指引。同时，推拉理论、承认理论以及跨文化理论等西方相关理论为研究中国赴海外留学生思想教育提供了新的参照视角。在对留学生进行思想教育的过程中，其他学科的教育内容与方法亦具有重要的借鉴意义。

第三章梳理中国赴海外留学生思想教育的历史发展脉络。分为新中国成立前留学生思想教育的萌芽、新中国成立初期留学生思想教育的探索、改革开放时期留学生思想教育的规范调整和社会主义新时代留学生思想教育的完善创新，分别从中国赴海外留学生思想教育各个阶段的时代特征、政策支持及教育管理等方面寻求经验借鉴。

第四章阐述当代中国赴海外留学生的思想状况。通过跟踪调查和访谈等途径，以世界观、政治观、人生观、法治观和道德观为多元考察视角，充分了解并挖掘中国赴海外留学生群体的思想状况，探明该群体面临的各种思想问题，寻求与该群体相契合的思想教育切入点。通过分析影响因素，挖掘问题本质，提出有效规范中国赴海外留学生言行的对策建议。

第五章提出推进中国赴海外留学生思想教育的实践路径。中国赴海外留学生思想教育应分阶段落实，重在构建全方位的机制保障，最终形成系统化的思想政治教育体系。针对出国前、留学中和回国前三个教育场域，本书从教育主体、教育内容、教育方式和制度体系四个层面提出相对应的思想政治教育实践方案。这能够切实解决中国赴海外留学生思想教育的系列难题，提高中国赴海外留学生思想教育的实效性，为实现中华民族伟大复兴做出应有贡献。

二、研究方法

文献研究法。依托文献成果，找寻研究支撑。对马克思恩格斯经典著作以及新时期党和国家关于赴海外留学生的政策、文件等进行深入研读与仔细分析是本书进行研究的基石。同时，本书还对国内外相关研究成果中的留学生管理和思想政治教育内容进行了系统梳理和分析。

跨学科研究法。他山之石，可以攻玉。运用跨学科视野，综合教育学、社会学、法学等相关学科研究方法，将各学科关于留学生思想政治教育的理论与具体实践有机统一起来，以扩大研究的广度和深度，力争从育人的各个层面探索留学生思想政治教育路径，从而对中国赴海外留学生思想教育问题提出新的观点，在实践层面真正提升中国赴海外留学生思想教育的有效性。

实证研究法。坚持问题导向，落脚具体应用。本书面对的是中国赴海外留学生这一社会特殊群体，是需要思想政治教育工作者真正去接触、实证、了解的群体。所以，本书重点使用论坛跟踪和访谈等实证手段，以之贯穿研究全过程，从问题出发，始终立足实践、扎根实际，坚持理论与实践相结合，力求实现中国赴海外留学生思想教育研究有理、有据、有效。

第一章

中国赴海外留学生思想教育概述

思想决定行为，态度决定高度。关注中国赴海外留学生的思想状况，发挥思想教育的规范和引导效用，是留学生教育亟须面对的时代课题。对中国赴海外留学生思想教育展开研究，首先需要对留学生群体和留学生思想教育加以内涵界定，进而从前提、基础和要素等方面阐述留学生思想教育的基本构成，最后结合时代特征与现实需求，深刻认识推进中国赴海外留学生思想教育工作的必要性，赋予中国赴海外留学生思想教育研究时代价值。

第一节　留学生思想教育的内涵解读

内涵作为一种认知展现，代表着某一事物本质属性的总和。明确中国赴海外留学生及与之身份生成相关的影响因素，确立中国赴海外留学生思想教育的内涵是对该主题展开研究的基础工作之一。当前学界以中国赴海外留学生为对象的研究多倾向于高校留学生工作管理和相关安全教育，对于留学生出国前的思想教育培训以及留学过程中的思想动态关注等方面的研究相对较少。一些围绕留学生爱国主义教育、跨文化适应等方面的研究，虽然从属于思想教育研究内容，但相对零散、不成体系。所以，对中国赴海外留学生思想教育进行系统研究，既有效填充了思想教育在留学生教育领域的空白，又夯实了中国赴海外留学生教育的思想保障。

一、中国赴海外留学生

"留学"一词本身就内含有教育的意义，以教育活动的形式展开，具体表现为一国学生停留在他国学习的状态，在清朝时期又称为"出洋游学"。"留学生"一词发源于唐代中日文化交流，① 今天逐渐成为居住在其他国家学习、访问、考察或者研究的学生。因此，"中国赴海外留学生"主要指留居外国学习或研究的中国学生，同时"赴"字指向准留学生，意在表明出国前处在"赴"状态的准留学生同样需要思想政治教育。总之，中国赴海外留学生身份的生成有着诸多影响因素，厘清这些影响因素，是界定中国赴海外留学生内涵的前提。影响中国赴海外留学生身份生成的因素，特指与中国赴海外留学生群体的身份、思想和行为等方面发展变化密切相关的必要因素。例如，赴海外留学动机的考察、不同类别留学类别（如公费或自费留学）的区分以及出国前后不同时空教育情境的变化等。这些影响因素不仅是界定不同类别、不同层次留学生群体内涵的关键，也是研究中国赴海外留学生思想教育的重要考量指标。

一是经费来源与类别划分。留学经费来源即一国学生停留在他国学习和生活时各项耗费的来源。对留学经费及其来源进行概念界定并非研究目的，明晰留学经费来源这一基本要素的作用在于它是区分中国赴海

---

① 韩方明．公共外交概论［M］．北京：北京大学出版社，2011：116.

外留学生留学类别（公派留学、自费留学）的关键要素。

留学经费来源于留学基金委、科研学会或者高等院校等第三方，由第三方全部承担或者部分承担的留学类别为公派留学。例如科协项目公派，中国科学技术协会通过院校合作，选拔博士研究生以访问学者的形式进行资助，但区别于留学基金委项目，科协只负责提供生活费，这也是公派留学的一种。考察我国留学历史，最早的留学形式正是公派留学。晚清时期，在洋务运动“中学为体，西学为用”的指导思想下，清政府采纳了留学先驱容闳提议的“留学教育救国计划”，并于 1872 年派出 120 名留美幼童，这批官费留美幼童便是中国第一代赴海外留学生。官费留美幼童计划的启动也标志着中国留学教育正式开始，对打破文化壁垒、促进中外交流和加快中国现代化进程具有重要意义。“它不仅宣告以往中西方隔绝的历史的彻底的终结，也预示着全球一体化的帷幕即将拉开。”① 经费来源既是划分留学类别的依据，又能在一定程度上折射出一个群体的特性。比如，公派留学类别下的中国留学生有着普遍的群体特点，即组织性、纪律性、团体性较强。因此，经费来源既是影响中国学生赴海外留学的关键因素，也是区分中国学生赴海外留学类别的直接依据，更是思想政治教育把握群体特征以有效开展工作的重要抓手。

随着中国留学教育计划陆续启动，留学救国与留学长技逐渐被人们所认可，更多的人选择赴海外学习，由此催生了公派留学计划之外的自助留学，又称自费留学。自费留学即留学经费由留学者本人或者直系亲属全部承担的留学类别。我国最早的一批自费留学生是与“庚款留学生”同期的赴美留学“自助学者”，1927 年至 1937 年间自费赴美欧的

---

① 周棉．论中国留学教育的产生［J］．教育评论，2002（6）：82.

学生为第二批自费留学生。如今，随着我国现代化建设的进一步推进，人们的教育观念也随之变化和更新，自费留学被越来越多的人所认可，海外“镀金”成为越来越多学生的选择。加之留学服务行业的快速发展，自费留学群体比例逐年上升。据新东方发布的《中国留学白皮书》显示，在留学计划决策者群体中，“全家共同决策”和“学生本人”占比之和均稳定在75%左右。由此可见，自费留学的选择在一定程度上能够反映留学生的基本家庭状况与教育观念意识。研究发现，在影响教育的诸多因素中，家庭因素是最重要、最有意义的关键因素。毕竟，任何人都不可能脱离家庭而单独存在，无论是其性格特征、人生态度、思维模式还是行为方式都与各自家庭的影响密不可分。例如家庭经济状况。经济基础决定上层建筑，经济状况（留学经费的来源）这一子因素在很大程度上影响着主体自身的长期人生规划。所以，教育对象的家庭因素是有效开展思想教育活动必须考量的关键常量，也是开展思想教育活动的重要预测指标。通过自费留学这一要素分析留学生的家庭因素及其影响，并对之进行有效引导和防控，对于顺利开展中国赴海外留学生思想教育活动具有重要意义。

二是留学时机与目的预设。时机是一种客观存在的主观判断。我们都知道，时机就是一切，麻烦的是，我们对时机本身却了解不多。[①] 在我们每个人的生活中，时机这一话题始终伴随左右。例如，何时创业，何时结婚，何时出国留学，等等。很多时候，关于时机的选择，我们都是凭借过往经验或者借鉴他人意见甚至是仅凭直觉猜测而做出的决定。但无论我们通过哪一种方式来选择时机，都与个人的主观判断紧密相关。在《时机管理》一书中，丹尼尔·平克（Daniel H. Pink）利用大

① 丹尼尔·平克．时机管理［M］．张琪，译．杭州：浙江教育出版社，2018：6.

量心理学、生物学和经济学的研究，揭示了时机这门科学是可以被我们认识和把握的。所以，通过认识中国赴海外留学生的不同留学时机，可以帮助我们分析和把握其留学时机的选择背后的心理状态和预设目的。

所谓留学时机，主要是指中国学生选择出国的年龄阶段。年龄虽然是一种具有生物学基础的自然标志，但同时又带有人的社会性烙印。社会生活中的各种人口现象和人的一生所经历的关键阶段，如结婚、生育、求学、就业、迁移、死亡等，都与每个人的年龄密切相关。选择在不同的年龄阶段做什么事情，就是不同时机的择取。所以，考核中国学生留学时的年龄要素对于把握中国赴海外留学生的留学时机及其预设目的具有重要意义。一般来讲，每一个个体都有三个年龄层次。一是自然年龄，即个体出生后按日历计算的年龄，又称实际年龄，这是最常用也是最客观的年龄界定。二是心理年龄，指人在亲历社会实践活动或某些经验感知过程中形成的年龄特征，与人的实际年龄会有些许区别，但是心理年龄的基本特征有规律可循，不同时期的人的心理年龄在一定程度上具有趋同性，如青少年时期一般具有个性关注增强、身心变化加快、心理活动明显等显著特征。三是社会年龄，社会年龄外化为社会行为，与一个人的社会行为密切相关。例如，一个人的社会年龄为 30 岁，那么其社会化能力的发展水平同一般 30 岁成人的社会化能力相等。相同文化背景下个体间社会年龄差异较小，但不同文化背景、社会经济地位的个体间会有明显的社会年龄差异。明确社会年龄这一概念，能够有效弥补心理学漏洞，并且有助于分析解决存在于不同年龄间的代际问题。

关于中国学生赴海外求学的时机，本书根据不同阶段的留学生年龄分布，以出国留学时的实际年龄进行区分，将其分为三类：低龄留学（高中及以下）、本硕博留学（接受高等教育时期）和高龄留学（访问学者及其他进修需要）。不难看出，这三个类别的留学生有着明显的自然年龄界限。但自然年龄并非分析不同类别留学生的唯一依据。每一个个体都是自然年龄、心理年龄和社会年龄的综合体。所以，在三类留学生自然年龄的区别下，还有着更深层次的心理年龄和社会年龄的区别。根据教育部留学服务中心相关数据以及近几年《中国留学发展报告》数据显示，我国低龄留学呈现不断升温的趋势。那么，以低龄留学为例，在中国教育体制下，18 岁正是接受高中教育阶段的年龄。18 岁在法律上已经是成年，但人们在潜意识里仍旧会把 18 岁看作一个孩子的年龄。直到他成家后，才会被认为真正融入社会，真正成为一个成熟的人。这一点在中国是特殊的。因为中国早期计划生育政策所倡导的“晚婚晚育”让 18 岁的“法定成年人”仍保持在他人心中以幼年形象。这种情况下，18 岁的个体很难拥有与其自然年龄对等成熟的心理年龄。但是随着网络媒介的通用化，中国青少年所接触到的文化内容有一部分来自西方。在西方一些国家，18 岁以上就可以随意结婚，这种现象在一些西方文学作品中也有明显体现。青少年在经受了这种文化的熏陶后，往往会对不同的国情产生疑问。疑问催生矛盾，极易导致其自然年龄、心理年龄和社会年龄的不自洽现象。这部分学生在出国亲历不同文化冲突之后，这种矛盾只会更加严重。因此，为有效预判中国学生赴海外留学后可能遇到的潜在问题，就需要分析其不同年龄层次，精准提炼留学生个体的综合特征。这既有助于教育者在开展教育活动时对教育对象进行精准把握，从而做到因材施教、有的放矢，又有利于助力中国赴海外留学生在跨文化环境中实现平稳过渡。

留学时机的选择反映了留学生的预设目的。目的的存在形式是一种观念形态，这种观念形态展现的是主体基于某种需要与客观世界产生的实践关系。但是目的的存在取决于人这一主体。人作为具有双重属性的生命主体，社会属性赋予了人更为多元的生命意义，而不仅仅局限于生存和延续。人的多元生命意义的实现正是源自目的这一内需的拉动。换言之，人之于动物的高级性体现在人能够主观能动地把握自身存在的目的，同时在目的的指引下进行有意义的生命活动。所以说，人类所进行的社会活动都是有意识的目的性活动。

每个人都有其进行生命活动的方向，都有其自身存在的目的，都在为满足主观利益而进行实践活动。有目的的社会活动使主体成为自身命运的掌握者，将主体所从事的一切实践活动变成实现自我目的、满足主观利益的对象，将自然性的生命存在变成自我规定的社会存在。留学目的亦是如此，留学目的是留学生在其留学实践活动中的行为目标。但基于目的的主观特性，选择不同留学时机的学生其留学目的会各有不同，甚至同一时机的不同留学生个体的留学目的也存在各不相同的可能性。以低龄留学为例，选择低龄留学所反映的预设目的一般来源于留学生家长。低龄留学是家长为孩子拟订的人生规划中的一步，所以低龄留学生的留学目的多是建立在家长的主观利益之上。此外，高龄留学生如以高校教师为代表的访问学者，他们具备一定的社会经验和学历见识，较之其他留学生，其留学时机的选择更为理性，主观愿望更为强烈，留学目的也更为明确，他们更清楚面对主观利益趋向如何选择。在本人主观意识占据绝大部分意识的情况下，其做出的决定更容易倾向于私利获取而非国家需要。然而，留学目的不只是也不应该仅仅作为个人行为的动力因素出现，它在很大程度上更是影响国家利益和战略人才储备的关键要素。在不同留学时机面前，通过分析和把握其预设目的，进而根据具体情况分别加以正确引导，就成为中国赴海外留学生思想教育的重要任务之一。

三是情境分析与留学趋势。情境与时间、空间并称为留学生实现过渡转换的三重要素。时间与空间不难理解，前者是指留学生出国前后时间线的变化，后者特指留学生学习生活所处的国内、国外场域的变化。因此，本书不再对时间、空间二要素做详细阐释，而是重点解析情境要素。贝特森（Gregory Bateson）在其开创的“元传播”理论（meta-communication）中指出，所有的沟通交流都需要情境，情境是一种必不可少的连接模式，没有情境就没有意义，情境修正了意义。[①] 由此可见，情境对于学术研究具有重要意义，很多学者对此亦是持认可态度。但迄今为止，我国学术界对于“情境”的概念界定并没有形成共识，不同学者基于各自研究领域分别从不同维度对“情境”做出了不同界定。

首先，在《辞海》中，情境解释为某个场合的具体情形与景象，指情况、境地。同时，“情境”的相关近义词，如“情形、情景”等对“情境”概念的理解也起到了一定的辅助作用。在《牛津高阶英汉双解词典》（第7版）中，“情境”的相关英文词汇，内涵更为丰富、意义范畴更为广泛，是比较具体的“情境”概念界定，为本书情境概念的界定给出了参照。其次，将单一的“情境”概念释义置于一定语境内，给“情境”设定一个背景，这就是语言学视角下的“情境”理解。语言学中，对于作者想要表达的情感态度，有时候仅通过表面文字并不能很好地把握，此时，就需要语言发挥媒介作用，打通表面文字与特定社会文化背景的关联，将作者的文字表达结合具体的情境进行理解，由此才能准确推断出作者的真实情感态度。通过定义情境揭示人的行为与情境之间相互作用、彼此影响的关系。美国未来学家托夫勒在《未来的冲击》中对情境做出阐释，认为情境随着人类社会的变化而不断更新，并指出“情境可以用物品、场合、人社会组织系统的场所、概念和信

① BATESON G. The Pattern Which Connects [J]. CoEvolution Quarterly, 1978: 5-15.

息的来龙去脉等五个组成部分进行分析”①。但是，社会学关于情境依旧没有给出简明定义。此外，情报学中，情境被抽象为一种包含诸多要素的动态变化的复杂时空综合体。简言之，情境是对现实场景中的各要素及其相互关系进行抽象化的产物。情境之于场景，是抽象与具体、本质与现实的关系，情境反映了场景的意义所在。可以说，无论是语言学、社会学还是情报学赋予情境的意义，都在一定程度上对本书留学情境这一要素的概念确立提供了有益借鉴。

基于以上内容概述，本书对“留学情境”这一要素做出以下概念解释：留学情境是指留学主体在出国留学（包含留学申请、留学期间和留学毕业时期）这一时段社会环境中各种情况的相对或结合的境况。具体来讲，留学情境是以特定时间段为背景，以留学生为核心，以社会空间中与留学活动相关的人、活动、政策等为子要素，并以整体化、集成化的认知视角将以上各环节抽象连接为一体的综合体。留学情境始终围绕留学生展开，留学生所处的时间、地点及其需求是情境发生的来源。正因为如此，留学情境在不同时代、社会或者文化领域内有着不同的内涵。所以，对中国赴海外留学生展开分析，不仅要考虑留学情境这一要素，更要对特定历史环境研究条件下的留学情境做到客观审读、适时剖析和专业阐释，比如，分析留学时的政策环境、社会风向（留学地区、留学热点专业、社会和国家的认可度）、中介推广等因素的真实状况，由此才能厘清不同批次留学生群体所面临的特定情境以及该情境为留学教育带来的影响。

总之，留学情境与留学趋势密切相连，不同的留学情境会折射出不同的留学趋势。分析留学情境，能够为预测留学趋势提供一定依据。例

---

① 阿尔文·托夫勒．未来的冲击［M］．孟个均，吴宣豪，黄炎林，等，译．北京：新华出版社，1996：30.

如，新冠疫情暴发之后，各个国家的留学政策和出入境政策都随之发生变动，在很大程度上对拟出国留学生和正在海外学习的中国留学生产生了多重影响，甚至影响到留学生的学业进程和未来选择。笔者经访谈了解到，在澳大利亚留学半年的王同学，疫情防控期间回国后已在国内考取了事业编制，中断了留学计划。这只是我们了解到的少部分能够及时做出决定和找到出路的留学生，实际上还有很多在特殊事件发生后未能及时转变方向或者调整心理状态的留学生群体。此时，如果对该群体能有一个系统的思想政治教育关注，就可以结合情境变化及时进行情感介入和引导交流，避免非常规情境下一些不必要问题的出现。

二、留学生思想教育

随着教育国际化不断发展，留学活动如火如荼，中国赴海外留学生群体也随之不断壮大。鉴于这一群体的特殊性和复杂性，以及为了更好地服务广大留学生，教育部设立直属事业单位——中国留学服务中心，负责出国留学、留学回国和来华留学以及教育国际交流与合作等有关服务，“留学生教育”一词由此频繁出现在公众视野里。一般来讲，“教育”的概念和外延较为广泛，泛指影响人的身心发展的社会实践活动。“留学生教育”则是泛指影响留学生的身心发展的社会实践活动。当然，通常意义上的“留学生教育”，其对象包括中国赴海外留学生和来华留学生。需要明确的是，本书探讨的“留学生教育”主要指我国对留居外国学习或研究的中国学生的教育管理活动，这一教育活动内容涉及思想品德教育、法律普及教育、生活管理教育等。

思想教育本质即教育，但与教育的广泛外延不同，思想教育接近教育学门类下的德育。思想教育和德育都关乎教育对象思想品德素质的养成，区别在于教育学中的德育偏重个体私德，思想教育从属于思想政治教育，因而侧重社会公德，即社会化的品德养成，其中包含了政治性内容。同样，与留学教育的广泛范畴不同，中国赴海外留学生思想教育更侧重对留学生加强以爱国主义为核心的意识形态教育。如果留学教育旨在促进留学生实现学习和生活等各方面的顺利过渡，那么中国赴海外留学生思想教育的目的就是在前者的基础上守住中国赴海外留学生的思想防线，引导留学生在他国学习生活过程中自觉抵制资本主义腐朽意识形态，坚定马克思主义信仰和中国特色社会主义信念，真正肩负起中外文化交流的使命。换言之，中国赴海外留学生思想教育关注的是留学生符合阶级意识和社会化要求的思想养成。

人的思想是万物之因，守住留学生的思想防线即守住留学生意识形态层面的阶级意识这一本质。毕竟，海外环境的复杂影响以及多元价值观的激烈碰撞极易对中国赴海外留学生的价值观念造成不同程度的侵蚀，思想防线极易崩溃。思想防线一旦崩溃，其阶级定位便会随着阶级意识的变化而变化，如果在阶级性质上坚持资产阶级意识形态，爱党爱国爱社会主义就将沦为一句空话。基于此，从思想教育的内涵、留学教育的目的以及中国赴海外留学生的群体特性出发，笔者将中国赴海外留学生思想教育定义为：从留学生的生活、学习、情感等方面入手，借助服务功能向教育功能转化，切实解决留学生在异国他乡面临的实际压力和困难；在此基础上发挥教育功能，通过反向内省、共情引导、协同教育等方式，动态关注留学生心理变化，守住留学生思想防线，规范留学生日常言行，增强其国家归属感、民族认同感、时代使命感；使其在顺利完成异国学习、生活和跨文化适应等方面过渡的同时，不忘留学初心，坚定社会主义信念，自觉抵制资本主义腐朽意识形态，真正肩负起中外文化交流使命的教育实践活动。

中国赴海外留学生思想教育是思想政治教育由一般向特殊、由理论向实践、由广泛向具体过渡的表现之一，是思想政治教育不断向精细化、实践化和科学化趋势发展的重要体现。在这一发展过程中，中国赴海外留学生思想教育因其教育对象、教育场域以及教育方式等的特殊规定而彰显出诸多个性化特征，这些个性化特征亦是其区别于思想政治教育的集中体现。

首先是特定性。中国赴海外留学生思想教育的教育目的具有特定性，该教育密切关注留学生思想和心理变化，对留学生思想行为展开全面分析，提出相对应的爱国主义思想政治教育工作路径。这一教育路径不仅是加强中国赴海外留学生爱国、爱党和爱社会主义教育，增强留学生国家荣誉感与民族自豪感的需要，更是激发留学生为国争光昂扬斗志的动力，中国赴海外留学生思想教育的教育目的不仅关系留学生正确价值观的确立，也关系我国国家形象的树立以及人才战略储备的需要。此外，中国赴海外留学生思想教育的教育对象也是特定群体，并不包含其他类型的教育客体。因此，特定性是中国赴海外留学生思想教育的首要特征。

其次是动态性。一是中国赴海外留学生思想教育的教育场域具有动态性。中国赴海外留学生必然要经历国内、国外两大教育场域，但是两大教育场域又分别包含各种各样的微观教育场域。这些微观教育场域可能是实践活动、生活情景，也可能是单纯的自然状态。宏观教育场域与微观教育场域以及诸多微观教育场域之间相互作用、相互影响。该特征一定程度上决定了思想政治教育在相应情境下对留学生进行的教育，必然是随情境变化而动态变化的具有针对性的教育。二是引起中国赴海外留学生思想教育的教育场域发生变化的因素是动态的。教育场域的改变既有可能由自然因素导致，又有可能是社会因素的作用。世界上一切事物都是运动、变化、发展的，所以无论哪种因素都具有不可控性。比如，人类改造世界的经济、政治、文化等实践活动会不断推动思想政治教育场域发生变化，留学生朋辈群体之间的微妙关系也有可能引起思想教育微观场域的变动和调整，这些因素都动态统一于思想教育过程中，是留学生思想教育动态性特征的集中体现。

最后是复杂性。中国赴海外留学生思想教育的复杂性特征主要体现在教育对象这一要素中。一方面，就留学生主体而言，不同层次留学生的成长背景如家庭、学历、朋辈环境等各不相同，甚至同一层次不同留学生个体之间的成长经历也不尽相同，这会造就不同留学生个体的身心发展程度不一。并且，除以上需要掌握的常量因素外，还需要考量留学生思想教育的变量因素。变量是留学生成长和发展过程中出现的复杂发展和随时变化的量，可能是自发性的，也可能是偶然性的，因而不可能将其固化为某一标准。所以，我们只能通过不断的思想教育实践，重点发现和排查，由此及时找到问题和总结经验，进而通过综合分析和灵活运用多种实证方法，不断把握思想教育变量这一复杂因素，不断丰富思想教育的变量库，不断深化对留学生这一特殊教育对象的认知和把握。另一方面，就外部环境而言，留学生群体面临来自海内外不同的学习、生活以及文化舆论环境的复杂影响，这种复杂外部环境的冲击势必会给留学生带来更为复杂的内部转变，如思想变化、信念动摇、观念趋向多元，等等。此外，国家之间的外交关系也会影响留学生思想教育活动的开展。总之，面对成长经历各不相同、受海外环境复杂影响、多种价值观激烈碰撞以及有着多元教育背景的留学生群体，如何把握他们的思想、心理、行为变化的特定情况，并对其思想行为展开全面而又具体的分析，找到对其进行教育的切入点，是中国赴海外留学生思想教育面临的现实挑战，也是本书必须解决的复杂难题。

第二节　留学生思想教育的基本构成

留学生思想教育的基本构成，简单地说就是构成这一教育活动的必要部分。思想政治教育不是先天存在的，每个具体的思想政治教育关系都不是自然产生的，也不会基于简单的命令而真正发生，① 而是立足于主客体互动，各种条件相互作用的结果。因此，留学生思想教育活动的开展有其特定的前提、基础和要素，这三部分构成了完整的留学生思想教育活动，因而称之为留学生思想教育的基本构成。

一、教育前提

留学生思想教育从属于思想政治教育范畴，是思想政治教育的一部分，其教育所要依靠的主体力量是思想政治教育工作者。思想政治教育作为一种实践活动，其产生从来不是理所当然的。虽然当前思想政治教育者和理论工作者从党和人民的利益出发提出教育目标和任务，通常认为教育对象应该接受教育并产生积极变化，但事实并非如此，教育者个体既不是直接的意识形态机构也不能代表党和政府，教育对象也不愿意接受“赤裸裸”的思想政治教育。因此，当前一些学者所提出的诸多理论设计大都缺乏必要的前提性思考。并且，在以往针对留学生的教育活动中，思想政治教育更多地体现为一种强制灌输和说教。例如，公派留学生出国前，中国留学服务中心会联合留学生所在高校进行行前培训，其间会邀请马克思主义学院的教师以讲座的形式进行思想培训。只

① 高德胜，张耀灿．整体性视角下思想政治教育构成要件研究［J］．马克思主义与现实，2019（2）：181.

是，类似讲座说教往往流于形式，教育效果不尽如人意，受教育者很难在这种形式化的僵硬说教中感同身受、产生共鸣。然而，就是这种形式化的并不完善的思想政治教育，其面向对象也只是依托于高校各种项目的公派留学生，并不包含自费等留学生群体。中国赴海外留学生这一社会特殊群体，其心理构成和教育经历本就复杂，传统的说教型思想政治教育已然不能满足留学生群体的需要。同时，正因该群体的特殊性和复杂性，我们亦不应期望他们能够主动咨询思想问题，进而再对其加以疏导，这是一种很难实现的理想状态。

所以，在对中国赴海外留学生进行思想教育时，不能全盘吸收思想政治教育的方式方法。因为，在思想政治教育者和中国赴海外留学生之间，不仅存在教育对象应当接受思想教育的问题，而且需要教育者根据教育对象也就是留学生的需求点主动去建构教育关系。比如，针对中国赴海外留学生的国外生活状态，从日常帮扶和交流切入，促使服务功能逐渐向教育功能转化，将思想教育内容潜移默化地加以渗透，由此实现教育功能过渡。教育功能的成功过渡意味着教育者在与留学生的交往过程中，找到了留学生接受思想教育的需求点和切入点，也就是找到了功能转化的支点，使教育者与留学生之间具备了产生思想教育关系的可能。这一可能性正是留学生思想教育工作开展的前提和逻辑起点。

具体来讲，中国赴海外留学生思想教育的前提，是指思想教育关系建构的逻辑起点，即教育者与留学生之间思想教育关系产生的直接原因和基本动力。思想政治教育从来不是一门纯粹的理论化的学科，相反，思想政治教育学科之所以能发展到今天，正是因为其极强的根源性和现实性，是因为它来自人民又为人民解决问题进而可以引导人的价值取向。因此，中国赴海外留学生同样无法剥离根源性和现实性。问题意识和价值引导的核心在于人，如果在教育过程中出现“人学空场”，那么这一过程则无法成立。“全部人类历史的第一个前提无疑是有生命的个人的存在。因此，第一个需要确认的事实就是这些个人的肉体组织以及由此产生的个人对其他的关系。”① 但关系是建立在现实人的需要基础上的不断超越的认识和改造。现实的人是自然属性与社会属性的有机结合体，这就意味着现实的人既有本我需要又有超我需要。超我需要即人的本我需要基础上的不断超越的需求，是社会对个体提出的“理想态”。本我需要与社会需要之间的矛盾运动为思想教育的发生提供了可能性。换言之，这些真实而又客观存在的人本身的需要和人的超越性触发了思想教育过程。因此，中国赴海外留学生思想教育的前提是社会需要和留学生本我需要的综合，需要是思想教育关系产生的直接原因和基本动力。在中国赴海外留学生思想教育过程中，教育者代表着超我需要即社会需要，留学生则更倾向于本我需要。教育者是否能精准把握留学生主体的本我需要直接影响留学生思想教育的实效性。相较于留学生本我需要，社会需要更侧重长远利益。因此，教育者应该正确理解本我需要和社会需要之间的关系，本我需要的解决是历史发展的必经之路，同时，本我需要的满足又建立在普遍利益基础之上。在个人与群体之间不间断的需要矛盾运动中，思想教育实际上发挥的是润滑剂和桥梁的作用。所以，中国赴海外留学生思想教育想要有所成效，就必须以留学生现实生活中的需要为指针，以留学生不同留学阶段的具体问题为导向，对本我需要和社会需要予以全面梳理和分析，为思想教育找寻恰当的切入点，从而在留学生的本我需要与社会需要之间搭建桥梁，进而在满足本我需要的同时形成合力，不断促成留学生本我需要与社会需要的统一。

① 中共中央马克思恩格斯列宁斯大林著作编译局．马克思恩格斯选集：第 2 卷［M］．北京：人民出版社，2006：146.

二、教育基础

中国赴海外留学生思想教育的基础，是指教育者与留学生之间建构科学思想教育关系的基础条件。需要激发了留学生思想教育的产生，而二者之间思想教育关系的建构则要立足于开展中国赴海外留学生思想教育的基本事实，包括宏观社会背景和微观个体情况，这是形成一个具体思想教育关系的基础条件。从宏观角度讲，时代背景和形势需要是留学生思想教育产生的社会基础，也是解决留学生思想教育问题的社会环境。一般来讲，宏观条件包括当前时段的国家留学政策、留学国的社会制度和相关政策、国际经济政治发展趋势等。从微观角度讲，留学生个体情况是思想教育产生的现实基础，也是基本教育活动（如教育内容设定和教育手段选择）的出发点。微观条件较之宏观条件，对留学生身心发展、素质养成以及思想教育效果的影响更为密切。具体而言，留学生的微观条件包括常量因素和变量因素两方面。其中，常量因素是适用于包括所有中国赴海外留学生在内的思想教育对象的量，亦即在对任意对象进行思想教育时都必须要考虑的常规背景因素（也就是固定值）。经过提炼总结，将这一常量归纳为主体、家庭和社会三类，它们共同构成了思想教育的一级维度常量因素。这三类常量自成体系，深入分析各常量的基本构成和具体作用，又衍生出一级常量的二级维度因素。例如，一级维度主体常量因素衍生出先天因素和后天因素。而变量因素即留学生思想教育关系建构的动态基础。目前，经过大量实践观察和提炼总结，我们已经归纳出的思想教育变量（一级维度）有情境因素（子因素：场域变化）、动机因素（子因素：学习动机变化）和突变因素（子因素：人际关系变化、意外事件发生、心理异常表现等）。可以说，变量是随着留学生成长和发展历程而出现的具有动态发展特性的量，是导致留学生不同主体间出现差异的主要原因。因此，对留学生群体进行思想教育，全面掌握和分析该群体思想教育常量的同时，在教育过程中要尽可能地加强对其变量因素的动态把握，这是开展中国赴海外留学生思想教育活动和加强思想教育针对性的重要基础。

三、教育要素

中国赴海外留学生思想教育的要素，是指构成具体留学生思想教育关系必不可少的因素。教育者与留学生之间的思想教育关系一旦确立，其过程将会由一系列要素相互作用、相互联系的教育活动所构成。关于留学生思想教育的构成要素，同样以思想政治教育的构成要素为参照，并根据留学生思想教育的具体特质有重点地进行择取和补充。思想政治教育过程的构成要素是目前学界研究的一个重要问题，学界主流观点将思想政治教育过程的构成要素界定为四点，即教育主体（教育者）、教育客体（受教育者）、教育介体以及教育环体（环境）。但是，通过构成要素“必不可少”这一特性推理，教育环体作为整个教育活动的外部因素，虽然影响着思想政治教育活动的开展，但是就其本质而言，并非教育过程构成的必要条件。教育介体是教育者用来影响受教育者的方式与手段，但主体的方式和手段在学理上其实是可以被主体所吸收的，同时这些方式和手段又不是必要的，甚至是可替代或去除的。也就是说，传统的思想政治教育构成要素研究还存在一定的理论缺陷，即在教育主体和客体之间缺少一个中间逻辑环节，因为主体与客体不能无缘无故自动产生关系。基于以往对于思想政治教育前提和基础的理论研究，高德胜等在继承传统“四要素说”的基础上创新发展，将思想政治教育关系的构成研究不断推向完善化和科学化，提出思想政治教育过程的构成要素应当包括主体、客体、支点以及场域。[①] 其中，教育支点是主体与客体、个体需要与社会需要的平衡点。现实生活中，社会需要和个体需要总会存在一定差异，教育支点通过了解留学生这一特殊人群的需要，平衡他们的生活，找到与他们进行对话的切入点，让留学生在“利益共同体”的关系中，愿意接受教育并积极转变。所以，支点要素是思想政治教育过程得以顺利进行和提升实效性的关键连接点，是基于教育主客体需求差异的功能性要素。这一要素不仅可以反映思想政治教育的本质规律，而且为主客体之间的互动提供了可能性，从而在实践中完善了科学的思想政治教育过程的构成。相较而言，介体是主体与客体之间的物质连接；而支点则是所有思想政治教育关系主客体间的逻辑中介[②]，缺一不可。场域是一个互动性较强的关系理论范畴，与教育相互作用而形成。

教育场域作为一种空间因素，是教育主体向教育客体传递教育信息或内容的必经渠道。目前，我国思想政治教育实施的场域主要集中于学校，学校作为发生教育行为以及对教育行为具有重要影响的场所，其有目的、有组织、有计划的教育模式对受教育者的身心发展以及达到预期目标发挥着重要作用。但是，对留学生这一群体而言，单一的、固定的学校场域与其多样化的教育需求之间存在诸多矛盾，毕竟留学生的发展需求可能会随着国内外教育的不同阶段而随时变化。所以我们认为，没有所谓的抽象教育客体，只有处于“场域”中的具体教育客体。“场域”不仅仅是一般意义上的单纯的物理环境，它更是一种对客观社会关系的具体描述。因此，对人的思想教育，把它还原到原生的“场域”

---

① 高德胜，杨羿．思想政治教育的当代转向：从理论思想政治教育到应用思想政治教育［J］．思想政治教育研究，2018，34（4）：59.

② 高德胜，张耀灿．整体性视角下思想政治教育构成要件研究［J］．马克思主义与现实，2019（2）：185.

中进行，会更自然、更深入、更容易。比如，针对中国赴海外留学生开展思想教育活动，要抛却以往对教育场域的传统认知，多利用线上、线下等一切贴近教育对象以及可以交流和渗透思想教育内容的场域，通过灵活运用教育场域来提升思想教育的实效性。总之，教育场域是开展中国赴海外留学生思想教育必不可少的条件之一，而且其范畴会随着留学生思想教育研究与社会交流媒介的发展而不断丰富和更新。

第三节　留学生思想教育的时代价值

推进中国赴海外留学生思想教育工作，于国家和民族而言，是维稳中国梦人才储备战略、拉动留学生回国建设以及培育担当民族复兴大任时代新人的现实需要；于思想政治教育学科而言，是贯彻新时代立德树人根本任务、促进思政学科实现科学发展的必要之举；于中国赴海外留学生群体而言，是解决留学生群体实际困难、满足留学生主体现实需要、引导留学生群体明确人生价值的重要举措。因此，在新的历史条件下，结合时代特征与现实需求，深刻认识推进中国赴海外留学生思想教育工作的必要性，是进一步推进中国赴海外留学生思想教育工作的价值依据。

一、培育担当民族复兴大任时代新人的现实需要

首先，中国赴海外留学生思想教育能够引导留学生“学有所归”，激发爱国之情。习近平总书记强调：“希望广大留学人员继承和发扬留学报国的光荣传统，做爱国主义的坚守者和传播者，秉持‘先天下之忧而忧，后天下之乐而乐’的人生理想，始终把国家富强、民族振兴、

人民幸福作为努力志向，自觉使个人成功的果实结在爱国主义这棵常青树上。”① 中国赴海外留学生这一社会特殊群体，他们有着独特的群体特点和作用，对外在拓展国际教育合作、展示中国形象等方面作用突出，对内是加快中国特色社会主义现代化建设和实现中华民族伟大复兴梦的有生力量。推进留学生思想政治教育工作，一方面，有利于系统贯彻落实新时代“支持留学、鼓励回国、来去自由、发挥作用”的留学方针，在专业层面通过思想教育积极引导留学人员学成归国，发挥留学人员的创造热情和投身社会主义事业的积极性；另一方面，对中国赴海外留学生进行思想教育有助于留学生群体坚定立场，在国外场域多元文化的夹缝中保持弘扬中华民族文化的初心。比如在国际社会中，某些西方国家极力宣扬西方文化中心论，企图通过各种渠道、载体渗透和推行西方政治、文化制度。对于这一点，我们必须保持清醒认识，通过思想教育与留学生群体建立日常联系，提醒中国赴海外留学生在海外全面提升自身本领，为投身中国特色社会主义伟大建设积蓄力量的同时，又要坚决维护国家主权和尊严。②

其次，中国赴海外留学生思想教育有助于维稳中国梦人才储备战略，坚定留学生报国之志。中国梦由每一个中华儿女的个人梦想汇聚而成，其实现必然需要海内外全体中华儿女万众一心、奋发图强。在这一大背景下，思想教育通过对留学生群体加以关注和引导，激发当代留学生的时代使命感就显得尤为重要。就目前形势来看，我国国内经济发展状况向好，已然拥有成熟的人才就业和发展环境。所以，面对每年留学人员数量只增不减的状况，如何引导优秀人才回国、减少人才流失是我

① 习近平．习近平在欧美同学会成立 100 周年庆祝大会上的讲话［N］．人民日报，2013-10-22（2）．

② 高德胜，张雅卓．如何对中国留学生进行爱国主义教育［N］．中国教育报，2017-11-16（7）．

们当前亟须解决的问题。新东方发布的《中国留学白皮书》显示，以2019年申请赴法学习的留学生为例，硕士学历占总数的53%，占据显著优势。这类留学生或许是在国内就业压力的推动下选择赴海外留学，也或许是国外某些更先进的科技或理论拉动他们做出留学的选择。无论哪种情况，以他们为代表的中国赴海外留学生群体都是我国高素质人才的重要组成，都是中国特色社会主义现代化建设不可或缺的有生力量。虽然近几年中国赴海外留学生学成归国的比例不断上升，但在数量庞杂的中国赴海外留学生群体中，选择留居海外的人也不在少数，这一定程度上加剧了中国优秀人才的流失。中国作为世界上的人口大国，虽然拥有丰富的劳动力资源，但多集中于生产行业，缺乏将简单生产转变为产业创新的科技人才。我国要想在国际竞争中占据鳌头，就迫切需要更多的高科技人才。一直以来，留学都被作为快速学习西方先进技术的最有效方式，这群接受过高等教育的留学生正是中国所匮乏的高科技人才的重要来源。总之，中国赴海外留学生思想教育研究通过分析国内外以及留学生自身等各个方面导致我国人才流失海外的原因，总结国外在留学生培养留用方面的经验，对国外吸引中国留学生的拉力措施做出符合国情的引进，以此降解国内对留学生的推力因素，从而为鼓励留学生学成归国提供支撑，为维稳中国梦人才战略做好储备工作。

最后，中国赴海外留学生思想教育助力留学生“归而有用”，实现报国之行。中国赴海外留学生归国规模不断扩大，留学生归国人数呈正向增加。尤其是2012年以来，我国留学生归国人数大幅度增长。此外，魏华颖的相关调查数据显示，目前中国归国留学生的年龄主要集中于18~30周岁，正值奋力实现人生价值之时①。并且，为保证中国赴海外

① 魏华颖．我国在美留学生回国意愿和就业意向特征分析［J］．中国行政管理，2016（9）：153-155.

留学生真正“归而有用”，实现人才有效安置并发挥作用，我国实施科技兴国、人才强国战略，出台了一系列新时代人才引进计划。例如，中央启动国家“千人计划”“1000青年人才计划”“万人计划”等针对海外高层次人才的政策。在国家颁布实施的人才引进计划指引下，各省市为了加快本地区发展，纷纷采取“人才强市”战略，相继颁布系列吸引留学归国优秀人才的福利政策。面对如此强有力的人才政策，思想教育正是向中国赴海外留学生群体及时传达相关政策的重要依托。所以，中国赴海外留学生思想教育通过对照近几年国内外经济社会环境，分析留学生回国后的就业状况，从国内政策、就业环境、企业需求、生源归属及心理倾向等方面着手，将以往具有代表性的归国就业留学生形成案例，以此总结经验，提出激励留学生回国的对策，这对引导人才回流、吸引留学生积极回国为社会主义现代化建设贡献力量来说意义重大。

二、推进思想政治教育新时代发展的必然要求

对中国赴海外留学生思想教育展开研究，不仅是社会复杂化、留学生群体层次化等多个现实因素交织的必然，而且是思想政治教育学科实现时代发展的内在需要，对于丰富学科内容、完善学科框架、进一步促进学科实现时代发展以及扩展该领域研究的专业视野具有重要价值。

首先，对留学生思想教育展开研究能够拓展新时代思想政治教育对象。目前思想政治教育的对象主要是大学生，大学生是一个泛化概念，不能将其所包含的不同层次、不同学科、不同个性的个体一一区分开来。以往思想政治教育既缺乏对教育群体对象的纵向时代比较研究，又缺乏横向的特殊群体比较研究，这就导致思想政治教育在整体上趋于形式化。比如，思想政治教育关注大学生的思想引导，却忽视了大学生的衍生群体——中国赴海外留学生，更没有注意到近年来该群体出现的诸

多思想问题。所以，本书将思想政治教育的目光投向中国赴海外留学生，并将其列为新时代思想政治教育的重点教育对象。一直以来，我国大多数留学生都胸怀祖国，具有强烈的归属感、认同感和荣誉感，他们自觉成为国家代言人，把个人发展与国家命运紧密结合，立足世界又面向世界。但是，受特殊成长经历、海内外复杂环境、多元价值观等多种因素影响，部分留学生对自身和祖国缺乏正确的认知，表现出各种不端行为。如近年来频繁被报道的中国留学生炫富、中国留学生不遵守社会规范、中国留学生辱国、中国留学生泄露国家机密等事件。这些事件不仅触犯了法律底线，影响个体前途命运，更对国家形象和利益造成了严重损害。因此，我们有必要对部分留学生的思想现状进行深入剖析。中国赴海外留学生群体本身就有其特殊性，他们有着独特的社会构成、心理构成和社会功能，是最需要也是最应该受到思想政治教育照应和关怀的人群之一。总之，将中国赴海外留学生纳入思想政治教育关注对象，从微观要求出发探索留学生个体差异，总结分析该群体面临的诸多问题，不仅有利于准确把握中国赴海外留学生这一群体对象，还能在新时期拓宽思想政治教育对象范畴，切实发挥思想政治教育立德树人功效。

其次，对留学生思想教育展开研究能够丰富新时代思想政治教育内容。传统思想政治教育内容是依据宏观要求制定的，无论是马克思主义的世界观教育、党的政治观教育、社会主义的法治观教育，还是人生观和道德观教育，其内容制定大多是从国家和社会对个人要求这一角度出发，带有强烈的政治性。中国赴海外留学生思想教育则是从留学生这一微观个体的需要出发制定教育内容，即首先关照留学生群体发展的需要，从缓解冲突和解决问题出发，先使人成为符合法律规范的人、成为符合自身发展规律的人、成为合乎道德要求的人，最后才能使人成为促进社会发展的人。总之，中国赴海外留学生思想教育根据留学过程的各个阶段，结合留学生群体的实际情况和具体需求变化，围绕爱国主义教育主线，有所侧重地制定相关教育内容，并在这一过程中体现出由小及大、由微观到宏观的层次性变化特征。

再次，对中国赴海外留学生思想教育展开研究能够延展新时代思想政治教育场域。场域是一个互动的关系性的理论范畴，与教育结合而形成教育场域。社会中存在着各种各样的场域，人的一切行为都会受到场域的影响，没有所谓的抽象的人，只有处于场域中的人，并且场域不仅仅是一个物理环境，更多的是一种对客观教育关系的描述。一般意义上的思想政治教育场域范畴约等于教育环境范畴，将其限定为教室、讲堂或者会议室等，呈现出针对高校大学生的唯教材、唯教室以及强制教育的特征。但中国赴海外留学生涉及国内、国外两大教育场域，因而一般的思想政治教育教育场域并不适用于留学生这一社会特殊群体。比如，国外留学期间的教室、课堂很难成为留学生思想政治教育的场域，此时纠结于固定场所，很可能失去更多教育时机。所以，中国赴海外留学生思想教育的场域较之一般思想政治教育的场域范围更广（涉及国内、国外两大教育场域）、要求更高（教育者与留学生保持日常生活交流需具备丰富留学常识）、选择更为灵活（不同教育时机选取不同教育场域）。具体来讲，中国赴海外留学生思想教育场域并非单指教室、讲堂或者会议办公室，其教育场域选择更为灵活、实效和精准，它可以包含一切留学生所在的场域，既可能是行前培训会，也可能是海外联谊，还有可能是微信、QQ 等网络媒介。总之，中国赴海外留学生思想教育的场域基于留学生复杂多变的特征而相应变化。掌握留学生思想教育场域适时而变的特性，不仅可以提高教育对象的接受度、认可度，且能够事半功倍，有效提升思想政治教育的针对性和实效性。

最后，对中国赴海外留学生思想教育展开研究有利于构建新时代

“大思政”教育格局。党的十八大以来，以习近平同志为核心的党中央高度重视教育工作和思想政治工作，不仅制定和出台了一系列提升思想政治教育质量的纲领性文件，而且多次召开思想政治主题会议，推进新时代思想政治教育工作整体化建设。尤其是近两年，思想政治教育研究出现了前所未有的繁荣景象。但随着思想政治教育研究的不断推进，其研究过程中存在的问题也逐渐显现出来。① 例如，研究总体趋向高大上的理论研究，针对具体问题的应用思想政治教育研究却很少，这显然与思想政治教育的实践本性相背离。中国赴海外留学生思想教育研究则是以问题为导向，立足留学生这一群体的具体现实需要和迫切现实困扰，在针对性教育中找到与之相对应的解决方式的实践过程。这主要体现为两方面。一方面，中国赴海外留学生思想教育有利于弥补思想政治教育在留学生群体间的缺位状态，贯彻落实“八个统一”思想政治教育方针。中国赴海外留学生思想教育通过关注留学生群体的思想观念问题、言行举止问题、心理问题以及学习生活问题等方面，提炼和剖析当前留学生面临的最棘手的思想问题，并提出及时、全面、高效的思想教育路径，发挥思想教育的规范和引导效用，弥补国外留学生思想教育缺位的遗憾。这是新时代中国高等教育所面临的历史新任务，也是思政学科实现科学发展的使命与必然。另一方面，中国赴海外留学生思想教育有利于兼顾出国前、留学中和回国前三个教育阶段，是实现全程育人、全方位育人和思想政治教育国内国外全覆盖的关键。中国赴海外留学生思想教育结合中国特色大国外交方略的实践动向，找准时代定位和发展要求，高度关注与深入考察以留学教育为代表的国际交流实践，针对出国前、留学中和回国前三个教育阶段分别提出相对应的留学生思想教育实

① 高德胜，王瑶，张耀灿．思想政治教育学的当代转向：应用思想政治教育的内涵与特征［J］．思想教育研究，2018（5）：27.

践方案，克服了以往研究只针对单一群体或者只侧重某一方面的不足，是协同多教育主体以及课程思政体系的延伸，更是兼顾多重教育内容的系统研究。总之，推进新时代中国赴海外留学生思想教育工作，既是实现思想政治教育“大思政”发展的关键，又能够激发留学生的历史责任感与时代使命感，从而将爱国情怀真正付诸实践，不断为实现中国梦积蓄后备人才力量。

三、贯彻新时代立德树人根本任务的应有之义

习近平总书记在全国教育大会上指出，培养什么人，是教育的首要问题。[①] 其中，坚持把立德树人作为根本任务是新时代教育改革发展的重要导向。推进中国赴海外留学生思想教育是贯彻新时代立德树人根本任务的应有之义，这一论述为推进留学生思想教育提供了方向指引。

首先，中国赴海外留学生思想教育有利于协助留学生群体实现平稳时空过渡。中国留学生初到海外，会面临与国内全然不同的生活环境和学习模式。留学生既需要调整日常习惯适应生活环境，又需要摆正心态走出舒适圈，更需要在体验和适应国外生活学习模式的过程中理性感知和评析异域文化，努力调和不和谐因素以顺利完成生活、学业和心理上的成长。所以，如何参与留学生成长过程，在其思想认识和价值观的确立过程中给予积极、正确的引导，协助留学生群体实现平稳时空过渡，是关系思想政治教育工作者能否真正做到立德树人，能否扎实推进留学生思想教育工作的根本问题。针对这一问题，一是对中国赴海外留学生进行语言培训和跨文化思想教育，这是促使留学生更快更好地适应国外高校生活的有力保障。目前国内留学中介和相关服务组织，在行前培训

---

① 习近平．坚持中国特色社会主义教育发展道路 培养德智体美劳全面发展的社会主义建设者和接班人［N］．人民日报，2018-09-11（1）．

教育中主推语言培训，涉及跨文化思想教育的内容很少。实际上，通过总结已出国留学生面临的棘手问题，结合已出国留学生给出的行前准备建议，有重点地加以择取，进而对拟出国留学生展开系统行前培训，可未雨绸缪，尽可能减轻留学生出国后面临的诸多不适感，尽快适应学习和生活环境变化带来的巨大心理落差。对留学生有针对性地开展跨文化思想教育，也有助于中国留学生坚定文化自信，更好地肩负起中外文化交流的历史使命，从而主动传播中华文化并增进国际交流。二是对中国赴海外留学生进行思想教育还体现在选派留学生的思想考察环节。留学生的心理素质和思想素质也是影响留学生能否适应异国他乡学习生活的重要决定因素。因此，在选派留学人员过程中，一定要将身心健康、思想素质过硬、综合素质良好等要求作为选派的重要选项。毕竟，很多留学人员在异乡求学，陌生的环境、不同的教育方式、多元的文化冲击等都可能对他们的心理造成一定影响，所以抗压能力、受挫能力等心理辅导一定要在出国前就加以系统培训。同时，在留学生出国后要密切关注他们的心理动态，如发现有不良情况出现，及时给予疏导和帮扶，协助其实现国内外学习生活的平稳过渡。

其次，中国赴海外留学生思想教育有利于满足留学生主体全面发展的需要。以劳动与社会关系为前提，人的内在需要是人的本质发展的最直接动力和原因。留学生思想教育是对现实的留学生进行的工作，所需要协调的同样包含教育主体和教育对象在留学前后海内外不同场域所处的各种关系以及相互联系。如何真正将教育落到实处，准确把握教育对象的内在需要是根本。因为留学生的内在需要存在层次差异和个体区别，所以，在关乎留学生现实需要的基础上，挖掘留学生的群体本质，能够为留学生思想教育工作的落实和推进提供重要支撑。将思想教育作为满足留学生个体全面发展需要的重要手段，一是要以关注留学群体的发展需求为研究起点，准确把握留学生群体的思想动态与人格特点，切实满足留学生群体的现实需求，为引导留学生群体实现全面发展奠定现实基础；二是要正视当代留学生的自身特点及其成长需要，科学分析和把握留学生需要的"度"，从而对他们进行针对性教育，不断引导留学生群体的个性完善与全面发展。总之，推进中国赴海外留学生思想教育不仅是实现"以人为本"教育观念的过程，更是实现留学生自由全面发展的过程。所以，留学生思想教育只有走入学生内心，在与留学生交互的过程中与其真正建立起彼此信任、互相认可的教育关系，才能了解留学生内心所需，进而结合具体实际满足留学生的合理需要，并通过引导转变其不合理需要，最终达成思想政治教育的育人使命。

最后，中国赴海外留学生思想教育有利于启发留学生明确人生价值要旨。要实现什么样的人生价值，就意味着要选择相应的价值观。中国留学生在海外面临多种文化碰撞是必然，但是如何正确甄别和评析不同文化形态，如何选取和吸收有利文化元素，就需要正确价值观的引导。中国赴海外留学生思想教育中涉及了核心价值观、人生价值等诸多内容，将这些正确价值观念融入留学生学习生活的各方面，加以教育引导，不仅有助于留学生明确人生价值要旨、树立正确价值观，还可以帮助留学生在面对文化差异时能够理性鉴别各类复杂信息，有效调节心理落差，从而更加积极主动地应对留学过渡期的适应难题，并在无形之中增强国家认同感和民族归属感。总之，无论是在中国学生出国前、出国后还是毕业回国之前，对中国赴海外留学生展开思想教育，都是以留学生为本，助力留学生做出正确价值选择以及顺利完成跨文化适应的必要举措。

第二章

中国赴海外留学生思想教育研究的理论依据

马克思主义作为思想政治教育学科发展的理论根基，其人学理论、世界历史理论为中国赴海外留学生思想教育提供了根本的价值指引。同时，推拉理论、承认理论以及跨文化理论等西方相关理论为研究中国赴海外留学生思想教育提供了新的参照视角。在对留学生进行思想教育的过程中，其他学科的教育内容与方法也具有重要借鉴意义。

第一节　以马克思主义理论为指导

马克思主义理论对思想政治教育学科来讲，其指导地位体现在引领学科方向、掌握意识形态阵地、彰显学术价值以及提升育人水平等方面。思想政治教育学科的改革和发展，离不开马克思主义理论的指导和引领。中国赴海外留学生思想教育是思想政治教育学科的分支之一，因此，马克思主义理论对中国赴海外留学生开展的思想教育同样具有根本性的指导和引领作用。这就要求我们在对中国赴海外留学生开展思想教育的过程中，既要坚持以马克思主义为指导，又要以马克思主义理论为基础，还要以马克思主义理论为核心，积极适应新形势下思想政治教育面临的新问题、新挑战。

一、马克思主义人学理论

人学就是关于人的自我追问的哲学。自古以来，中外哲学家们对于人的自我追问从没有中断过，中国以老子为代表的古代哲学家在自我追问的过程中提出了“自知之明”，国外对于人学问题的研究则始于古希腊普罗泰戈拉提出的“人是万物的尺度”，之后人学研究逐渐经历了文艺复兴时代、近代以及德国古典哲学时代。在这几个阶段中，分别形成了具有代表性的人学研究理论，即人本主义人学、唯物主义人学以及理性主义与人本主义人学等。这些人学研究形态一定程度上成为马克思主义人学理论形成和发展的思想来源，但无一不带有其所在时代的烙印，因而存在着一定的社会历史局限性。例如，唯心主义向来以精神和意识作为世界的本原，而把“人”界定为精神或者意识的外化产物。再如旧唯物主义，以费尔巴哈为代表，虽然费尔巴哈克服了机械唯物主义“见物不见人”的纯粹性，并且将“人”看作至高对象，给予“人”一个前所未有的高度，但费尔巴哈只是在感性角度赋予了“人”一切，并没有将“人”落脚于具体实践，对于生活在具体实践中的、处于社会关系中的人，没有形成完整的认识。也就是说，费尔巴哈不是从“人”的实践活动及其形成的社会关系来发现“现实存在着的、活动的人，而是停留于抽象的‘人’”①。马克思主义人学理论在批判吸收以往人学研究成果的基础上，逐步实现了人学理论的科学变革，创立了“实践的”唯物主义，实现了从实践出发认识处于历史实践活动中的现实的“人”，现实的人和人的问题也由此成为马克思主义哲学的关注点。

① 中共中央马克思恩格斯列宁斯大林著作编译局．马克思恩格斯选集：第1卷［M］．北京：人民出版社，1995：78.

马克思主义人学理论站在唯物史观的角度，根据社会实践生成的脉络来研究“人”，从“人是何种存在”这一自我追问开始，向“人是如何生成”过渡，最终落脚为“人当如何发展”，把“人”看作不断通过社会实践活动来达到科学认识自我的存在者。马克思主义人学理论对关于人的问题，如人的存在、人的本质和人的发展等，已经形成了一套辩证而又科学的理论阐释。具体涉及人的属性、人的本质、人的主体性、人的需要、人的价值、人的权利与义务、人的自由、人的全面发展以及民主、平等、公正等重要问题，并将这些关于人及其实践的各方面问题凝练为人学理论体系，以人学理论观照现实实践，以现实实践呼应人学理论，实现了人学理论的历史突破与变革。这一历史突破与变革奠定了马克思主义人学理论在马克思主义学说中的重要地位。因此，深刻学习与运用马克思主义人学理论揭示的关于人的诸多问题，对于我们剖析和研究以人为本的思想政治教育具有重要意义，更对我们解析社会特殊群体（中国赴海外留学生）、提升思想政治教育活动的有效性具有重要作用。具体来讲，马克思主义人学理论及其重要作用主要体现在以下几个方面。

一是人的存在论。人的存在论作为马克思人学理论的基本前提，明确指出了人是生活在特定历史条件下、处在实际关系中并进行具体实践活动的现实的人。关于人之存在的研究，一般分为“神存”和“实存”两个层面，前者认为绝对精神、纯粹观念是人之为人的根据，认为人是精神的化身；后者则落脚于生活实践，将实践作为人之为人的根据，旨在探寻人之感性具体、实实在在的存在。马克思主义人学理论无疑倾向于后者，主张从现实的、从事实践活动的人出发，立足于现实实践来理解人，以此把握人的真实存在性。这一真实存在性既区别于黑格尔独立于“绝对精神”的人，又与费尔巴哈“纯粹感性”的人不同，是真真切切在社会中生活和活动着的人。这一真实存在性既体现了自然存在属性，又展现了社会存在属性，是二者在社会实践活动中的融合。马克思认为，人首先“直接的是自然存在物”，其次区别于其他自然生命体，人更是有意识的社会存在物，由该存在属性折射出的社会属性是人的根本属性。继而，基于对两种基本属性存在方式的全面把握，马克思开辟了以人的本体存在和现实活动中的社会存在相结合的方式去考察人的本质和发展需求的科学思路，并指出任何人都不可能单独存在，任何人都只能生活在一定社会关系之中。由此，马克思主义人学理论确定了人的现实性存在，并为我们辩证把握“现实的人”提供了重要指引。思想政治教育的关注对象亦是现实的人，这种“现实的人”构成了思想政治教育工作的出发点与落脚点。同样，中国赴海外留学生思想教育的关注对象是实实在在的留学生个体，对留学生群体中的“人”进行深入研究与辩证分析，全面认识和把握留学生的存在性与存在方式正是切实推进留学生思想教育工作的重要前提。

二是人的本质论。人的本质论是马克思主义人学理论的核心。人的本质在一定程度上由人的存在决定。正如前文所讲，马克思是从人的动态实践活动及其所处的现实关系出发来把握和认识人的本质。马克思关于人的本质这一认识经历了三个发展阶段。第一个阶段，在《1844 年经济学哲学手稿》中，马克思将人所进行的实践活动作为人与动物的最本质区别，认为有意识的自由自觉的活动构成了人的本质。第二个阶段，在《关于费尔巴哈的提纲》中，马克思指出：“人的本质不是单个人所固有的抽象物，在其现实性上，它是一切社会关系的总和。”① 并认为这种既包含人与自然又包括人与社会的一切关系，构成了人本质的

① 中共中央马克思恩格斯列宁斯大林著作编译局．马克思恩格斯全集：第 1 卷［M］．北京：人民出版社，1995：56.

基本存在形式。到了第三阶段，马克思、恩格斯在《德意志意识形态》中指出："由于他们的需要即他们的本性，以及他们求得满足的方式，把他们联系起来（两性关系、交换、分工），所以他们必然要发生相互关系。"① 也就是说，人的内在需要才是人进行实践活动的直接动力。人的内在需要基于社会活动的开展与社会关系的联结，进而才催生了社会需要。因此，马克思认为，人的本质是以人的需要为逻辑起点的。而思想政治教育工作是对"现实的人"进行的工作，所需要协同的正是教育者和教育对象所处的各种关系及相互联系，所需要调和的也正是以教育者为代表的社会需要与以教育对象为代表的个人需要之间的矛盾。在这一矛盾关系中，准确把握教育对象的内在需要是实现教育实效性的关键。基于此，针对留学生开展思想教育，就必须结合当前具体的社会实际情况，从留学生现实存在性出发，立足留学生内在需要，关注留学生内在需要的层次差别，从而为增强留学生思想教育活动的实效性提供坚实的理论支撑和现实保障。

三是人的发展论。人的发展论是马克思主义人学理论的归宿。马克思主义人学理论关于人的议题，最终指向人的自由全面发展，这也恰是思想政治教育育人所要实现和完成的使命。人的自由全面发展拆分开来，是一对相辅相成的关系。人的全面发展和人的自由发展互为前提、互为辅助。人是作为一种目的存在的，而不是作为发展的工具而存在，只有个体在普遍意义上都得到了全面发展，人类才能真正不受他物、他人以及他力限制，进而才能达到自由发展的目的。同样，一个人只有不沦落为发展的工具，只有具备自由发展的条件，也才有可能达到全面发展的状态。换言之，人的全面发展就是人的自由自觉的活动、活动能力

---

① 中共中央马克思恩格斯列宁斯大林著作编译局．马克思恩格斯全集：第 3 卷［M］．北京：人民出版社，1960：514.

以及社会关系发展的全面性和普遍性；人的自由发展是建立在个人全面发展基础上的自由个性的发展，也就是指联合起来的个人共同控制和支配他们的社会关系，共同驾驭外部世界对个人能力的实际发展所起的推动作用。① 所以，马克思主义人学理论关于人的自由全面发展的阐述，既揭示了人之存在的价值旨归，又为实现人之价值、人之解放指明了道路。因此，在研究人的整个过程中，若想要达到实现人的自由全面发展的最终目标，首先就要认识人，了解人的需要，“把人的关系还给人自己”，进而才能通过不断实践从而克服局限、解放自身，达到自由和全面发展的目的。在这一过程中，人通过全面发展表现出发展的普遍性、一般性，是思想政治教育所要遵循的基本原则，而人通过自由发展表现出发展的内在差异性则是思想政治教育的切入点。毕竟，我们都知道思想政治教育是关于人的教育。但是，这一教育的逻辑起点是什么，人们凭什么接受思想政治教育以及为何需要思想政治教育？很显然，以往的思想政治教育对这一问题并没有给出明确答复，只是将人作为既定存在，以应然说教的态度对待思想政治教育关系的产生。实际上，思想政治教育关系并不会无缘无故产生，其建构需要立足于思想政治教育的基本事实，即教育对象作为实实在在的处于现实活动中的人，在实践过程中具有生成性，思想政治教育在人的生成过程中发挥的正是引导和塑造作用。既然人的发展具有生成性，那么以往思想政治教育将教育对象看作既定的，因此采取简单的灌输说教方式，其教育效果可想而知。总而言之，思想政治教育作为解放人和培育人的实践活动，应该深入教育对象的生活实践中，根植于教育对象的实践生成过程中，在关注教育对象的生存基础和合理需要的基础上，彰显思想政治教育的人文关怀，对其

① 苏瑞莹．马克思人学经典理论的内在逻辑［J］．山西师大学报（社会科学版），2012，39（2）：30.

生成过程加以针对性引导和教育，以塑造和培养教育对象实现自由而全面的发展。

二、马克思主义世界历史理论

在马克思主义理论体系中，世界历史理论是重要的一部分。该理论一定程度上揭示了海外留学是历史发展趋势的表现之一。马克思主义世界历史理论以人类历史为起点，认为大工业生产使得原本分裂和独立的民族历史与地域历史得以连接，逐渐交融发展为相互影响、相互作用的统一的世界历史。这一发展图景正是当今时代“全球化”的初步实践。马克思主义世界历史理论通过分析世界历史与民族历史之间的辩证关系，立足世界历史发展的整体角度来把握人与世界的相互关系，以此探求人类社会发展的内在规律，发现了资本主义生产方式所带来的世界市场的扩张、全球化的扩展及包含的矛盾，为我们全面认识人类社会发展趋势、理性分析全球化问题以及正确看待国际交流实践提供了方法论依据。

在今天这个时代，各国互联互通，没有哪个国家可以“独善其身”，人类已然是休戚与共的命运共同体，经济全球化趋势加速发展早已成为最符合当今世界经济发展特征的表述。在顺应人类社会历史发展潮流的过程中，我们越来越深刻地体会到，经济全球化的背后还涌动着各国文化、政治的暗自较量与博弈。尤其是一些国家借某些优势极力阻止世界文化的多样化发展，借势推行“普世价值”甚至以文化中心论打压和孤立其他文化。比如西方中心论，即西方一些谋求霸权主义的国家，总是借各种方式进行本国文化输出，将本国价值观渗透于如影视剧等各类文化载体中，从而达到阻挠政治和文化多样化发展，损害别国主权和尊严，将本国文化观念向全世界普及直到全盘西化。这其中还有一部分威胁和挑战来自对文化相对主义的不合理认知。文化相对主义虽然承认并且保护异域文化，但是却没有评判异域文化的标准或者勇气。所以，如果一味地持有文化相对主义观念，就容易陷于自我沉迷、不求创新的故步自封状态中。但是，世界本就是多样的，我们应该尊重这种多样性，而不是倚仗自身强大，肆意践踏别国尊严，把自己的价值观念强加于人，阻碍别国发展。所以，在参与国际交流的过程中，我们必须有一个理性的衡量标尺，在利用他国优势条件发展自己的同时，又要以我为主，坚决维护国家主权和祖国尊严，坚定不移地走好合乎中国国情的道路。

总之，经济全球化背景下，世界要发展成一个互联互通的整体，这一趋势显然是不可逆的。中国学生赴海外留学就是世界交流互通的具体表现或者是产物。虽然整个社会历史发展趋势不可逆，但是，“人类史同自然史的区别在于，人类史是我们自己创造的，而自然史不是我们自己创造的”①。历史是由人创造的，人作为一种目的存在，每个人从事的一切实践都是源自个人目的的驱使。每个人都带着不同目的进入历史活动当中，但是历史最终的发展趋势，却不完全等于每个个体发展的目的，而是形成了一个社会历史发展的“不以人的意志为转移的”客观历史趋势。② 所以，“历史不过是追求着自己目的的人的活动而已”③。因此，中国赴海外留学生作为经济全球化浪潮的参与者，在参与经济全球化的过程中，必须发挥自己的主观能动性，既要具备全球视野，又要坚决捍卫我们国家和民族的利益。中国赴海外留学生思想教育作为捍卫

---

① 中共中央马克思恩格斯列宁斯大林著作编译局．资本论：第 1 卷［M］．北京：人民出版社，1975：409-410.

② 吴宏政．马克思世界历史理论中的“康德问题”［J］．理论探讨，2020（5）：87.

③ 中共中央马克思恩格斯列宁斯大林著作编译局．马克思恩格斯全集：第 2 卷［M］．北京：人民出版社，1957：118-119.

国家意识形态的途径之一，更要在顺应马克思主义世界历史理论所揭示的人类历史发展规律的基础上，对涉及留学生价值立场、思想观念等重点问题做出针对性教育和引导。总之，国家是民族存在的最高组织形式，是国际社会活动中的独立主体。在国际视域内开展任何活动，国家都是个人或者团体的最大依托和保障。只要国家存在，爱国主义就有坚实的基础；只要国家存在，思想政治教育就有艰巨使命；只要国家存在，包括留学生在内的每一个人就要坚决维护祖国的根本利益。

第二节　以西方社会相关理论为参照

在研究中国赴海外留学生思想教育之前，我们需要全面了解留学生这一特殊群体的留学行为以及因留学而面临的复杂学习、生活背景。从理性选择的角度看，一个人的行为往往是对多元利益的权衡。推拉理论从利益角度出发，对中国学生在国内外推因素与国外内拉因素相互作用的情况下产生的留学行为做出了合理解释。同时，跨文化适应理论能够辅助我们更好地发现留学生在海外学习、生活过渡和文化适应过程中存在的问题。此外，承认理论以问题为导向，引导教育者真正去贴近留学生群体，充分挖掘、了解和熟悉中国赴海外留学生群体的独特性，在共情中承认并尊重留学生群体的特殊性和合理需求，从而使思想政治教育在实践中触及人心，切实满足留学生群体的实际需要。

一、推拉理论

推拉理论发源于 19 世纪英国，起始于英国学者雷文斯坦（E.

Ravenstein)[①]。在其文章中，他分析了人口迁移的原因与规律，得出“为了更好地生活”是迁移的主要动因，其原因和规律分析中蕴含着推拉理论的主要元素。主要元素包含拉力和推力两种。流入地具备的能够使迁移人更好生活的条件或因素，即为“拉力”，即吸引迁移人迁入的拉动力。同样，之所以迁出所在地，说明所在地的某些因素不利于当前生活，这些不利因素被称为“推力”，即导致所在地人们向外迁出的推动力。随后，美国学者埃弗雷特·李（Everetts. Lee）对前人研究进行了补充和修正，首次系统地提出了推拉理论框架。他认为迁入地和迁出地不只是单一地拥有某种因素，比如，迁入地并不只是拥有拉力因素，同时也存在推力因素，迁出地亦然。除此之外，埃弗雷特·李还补充了影响人口迁移或者人员流动的第三个因素“中间障碍”[②]（如文化障碍和物质障碍等）。最后，随着推拉理论不断完善和成熟，该理论逐渐被国内外学者应用于更多领域的研究中，如教育领域。运用推拉理论分析国际教育流动现象，可以理解为国内学生是在国内环境向外推动以及国外环境向内拉动的综合作用下产生留学行为的。一般来讲，国外不同的政治环境、多元的文化生活方式、先进的科技发展以及天然的语言环境是吸引中国留学生的主要拉力因素；同时，国内相对固化的升学机制和不断增加的就业压力，在一定程度上成为中国学生赴海外留学的推力因素，这些因素推动着国内学生通过出国留学的方式来提升自身竞争力。所以，推拉理论是揭示中国学生赴海外留学行为的有力理论工具。利用推拉理论的原理效能，在特定方面增加国内拉力因素，对于吸引中国赴海外留学生学成归国具有重要作用。

---

① RAVENSTEIN E G. The Laws of Migration [J]. Journal of Statistical Society of London, 1885, 48 (2): 167-227.

② LEE E S. A Theory of Migration [J]. Demography, 1966, 3 (1): 47-57.

二、跨文化适应理论

跨文化适应理论研究起源于20世纪初期的美国，最早由美国学者罗伯特·雷德菲尔德（Robert Ray Redfield）等人提出。他们认为，“文化适应”是发生于不同文化群体之间的碰撞，个体在这种文化碰撞和选择的过程中“导致一方或双方原有文化模式发生变化的现象”①。所谓跨文化适应，必然包含两种不同的文化，是某一主体先后经历不同文化并受其冲击导致自身情感表现、行为选择和文化认知等方面发生改变的现象。不同文化对主体产生冲击带来的影响是双向的，且具有不稳定性。由相关影响带来的改变同样不可确定，可能是兼容并蓄，也可能具有颠覆性。值得注意的是，在跨文化适应过程中，留学生主体的主观能动性同样是影响跨文化适应结果的重要因素。比如，消极的态度会使留学生主体处于自我封闭状态，在排斥文化的过程中排斥一切，难以适应新的文化环境，难以步入正常学习生活的正轨，逐渐被边缘化和孤立化。反之，积极的态度能够更好地理解文化差异，比较快速地度过心理适应期，从而融入当地社会文化之中，但是这样会存在被同化的危机，甚至可能产生颠覆性改变。颠覆性改变主要体现在跨文化适应的单维度研究，是指个体在接触不同文化的时候，被这种外来文化完全同化，以至于带来个体原有文化颠覆性改变的结果。这一维度的研究结果相对来说比较绝对，弱化了主体的主观能动性，认为个体本身在接触异文化时，必然会被其完全同化。很显然，这样的研究结果存在一定的片面性。所以，多维度的跨文化适应及其模式（Oberg的文化冲击理论、W形曲线文化适应模型、Berry的跨文化适应理论及策略以及Ward文化适

① 余伟，郑钢．跨文化心理学中的文化适应研究［J］．心理科学进展，2005（6）：134-144.

应理论等）为我们开辟了一个新的思路。例如，Oberg 的文化冲击理论从心理层面出发，揭示了个体在遇到异文化时会表现出无措和焦虑感。将这种感受和个体经历相结合，通过分析和总结规律，把该过程中的文化冲击描述为一个呈现 U 形曲线模式的四个阶段，即“蜜月期、危机期、恢复期、适应期”①。这一模式说明了留学生在不同阶段所感受到的文化冲击力是不同的。正如《中国留学生跨文化适应调查报告》显示：“留学时间长短会影响留学生的社会文化适应情况，3 个月以下是适应最困难时期，过了该调整期，留学适应程度就会提升；当留学超过 1 年之后，留学生的社会文化适应水平基本趋于稳定”。② 再如 W 形曲线文化适应模型，这一模型是根据 U 形曲线模式调整后的适应模式，即个体在出国后，首先面临来自外国的文化冲击，当经过一段时间调整逐渐适应外国文化生活模式后，再回到自己的国家，发现已经习惯的文化模式不再适应于本国文化方式，于是个体面临着再一次的调整与适应，即“回归文化冲击”③，也就是说，留学生出国后面临着国内文化与国外文化之间的第一次跨文化冲击，之后在留学过程中为更好地适应留学国的文化状态会做出系列适应性甚至是融入性调整。在调整过程中，留学生的文化认知就不可避免地带有留学国文化的影响。但是当留学生带着留学国的文化烙印或者惯性学成归国后，又会面临本国文化与所带文化之间的第二次跨文化冲击，即回归文化冲击。从这一角度来讲，W 形曲线文化适应模型为我们正确认识留学生归国后实现继续社会化过渡提供了关键的理论指导。总之，跨文化适应理论及其方法为留

---

① 郑安云，李娇．跨文化适应理论对高校留学生教育管理的启示［J］．世界教育信息，2017，30（17）：67.

② 赵晓霞．学子如何跨过文化适应之坎［N］．人民日报海外版，2015-10-15（7）.

③ 王电建．从多维的角度看国外跨文化适应理论的发展［J］．云南师范大学学报（对外汉语教学与研究版），2011，9（6）：65.

学生思想教育研究提供了较为全面的分析视角。这一理论启示我们一方面要承认并重视国内外不同文化差异会对中国留学生带来冲击，并对这一冲击可能给留学生带来的影响有一定预设。在此基础上，对准留学生加强行前异文化普及和民族文化认同的引导教育，使其在坚定文化自信的同时，面对异国多元文化能够有一个开放包容的心态，从而为留学生出国后融入跨文化环境做好助力工作。另一方面，我们要充分运用跨文化适应的相关理论模型，对中国赴海外留学生在留学的不同时间段所呈现出的不同文化适应状态做出有重点的动态关注，进而依此制定分阶段的、有针对性的教育策略，由此不断提升中国赴海外留学生思想教育的实效性。

三、承认理论

德国哲学家约翰·戈特利布·费希特（Johann Gottlieb Fichte）是承认理论的开端学者，他认为个体处于承认关系的中心地位，个体自我意识的形成离不开理性而自由的自我彼此间的相互承认。因此，个体之间的互相承认赋予了社会一个具有自由效用的行动空间。黑格尔继承和发展了费希特提出的承认理论。关于承认问题的研究在黑格尔哲学中占据着重要部分。黑格尔认为存在与承认是相伴相生的，承认是人之为人的首要条件。但黑格尔对于承认理论的研究，更多的是从精神意识这一角度出发，着重论述了普遍自我意识及其普遍自由意志的独立性。比如，他在《精神现象学》[①] 等著作中把“承认”看作促进主体精神或意识发展的关键因素，并从三个层面对“承认”加以阐释，一是认为承认可以认知他物，包括对象及事物价值；二是承认有助于正视自己并

① 黑格尔．精神现象学［M］．北京：人民出版社，2013.

勇于承认错误；三是承认在一定意义上是对他人的认可和尊重。简言之，黑格尔关于承认理论的阐释为该理论的科学发展奠定了重要基础。再之后，阿克塞尔·霍耐特（Axel Honneth）作为法兰克福学派第三代理论领袖和马克思主义继承者，批判继承了前人关于承认理论的研究。他认为承认理论尤其要关注不同个体实现自我的合理的多样化需求，对其表示尊重和认可，并由此立足社会现实问题以及现实的人的多样化需求，进而根据人类主体的新需求构建出承认理论。其承认理论初步建构了承认的三个基本模式：情感领域的爱与自信、法权领域的权利与自尊、社会共同体领域的团结与自重。直到今天，霍耐特承认理论对于分析当代社会问题依旧重要。对中国赴海外留学生来讲，承认理论意味着一方面教育者必须承认并尊重留学生群体的特殊性和合理需求，这有利于思想政治教育者和留学生群体之间形成互信的教育关系；另一方面，留学生群体应该理性看待异域文化，承认多元文化差异的客观存在，避免冲突或者毫无原则的硬性融入，辩证地吸收不同文化中的合理成分。总之，承认理论为本书以及思想政治教育工作者感知留学生多样化需求、解决留学生面临的某些心理困境提供了新的路径和方向。

第三节　以其他学科相关理论为借鉴

中国赴海外留学生多样化的学科背景决定了对该群体开展的思想教育活动本身就具有明显的学科协同特征。思想政治教育与社会学、教育学、法学等学科同属于人文社会科学，只是相较于其他人文社会学科，思想政治教育在整体上并未形成一个专属的系统的学科体系，它主要“依托我国人文社会科学中相对成熟的学科，比如教育学、心理学、政治学等学科的思想资料，进行自身学科理论体系的构建”①。简言之，思想政治教育本身缺乏学科独立性，主要从社会学、教育学、法学等学科中汲取知识借鉴和方法借鉴。毕竟，各人文社会学科之间的关系，不是竞争的优胜劣汰的关系，也不是相互独立毫无联系的关系，而是相互合作、相辅相成的关系。所以，为了更好地搭建思想政治教育与留学生之间的交流平台，实现中国赴海外留学生思想教育的科学有序发展，就需要在思想政治教育学科的基础上，从多学科协同交叉的角度碰撞出新的教育模式。也只有通过学科协同的方式，思想政治教育才能开阔学科视野，不再囿于传统教学的刻板化模式中；才能在借鉴中学习，及时突破思想政治教育的创新困境；才能转变视角，不断发展和完善思想政治教育的路径方法。

一、社会学为留学生思想教育提供理论借鉴

思想政治教育的实践原则和问题导向时刻显示着社会学理论对其产生的重要影响。中国赴海外留学生思想教育在一定意义上也是存在于整个社会的一个交往互动空间，是一个存在于特殊群体之间的以思想教育为主的教育领域。因此，将社会工作的理念、知识和方法引入留学生思想教育工作，可以使当前留学生思想教育研究拥有更加动态和完整的社会学理论指导，从而更具客观性和实证性。从学科专业性来讲，“社会学是从社会整体概念出发，通过社会关系和社会行动来研究社会结构及其功能、社会过程及其原因和规律的社会科学”②。社会学的科学性在于能够通过科学实证的方法将社会客观实在呈现为特定的规律性。这一点与中国赴海外留学生思想教育的主旨一样，留学生思想教育正是在分

① 佘双好．思想政治教育学科发展的战略性转变［N］．光明日报，2015-01-08（16）．

② 王思斌．社会学教程［M］．北京：北京大学出版社，2003：15．

析一定社会历史背景的基础上，结合留学生这一群体的特殊性，进而运用科学方法总结归纳留学生群体面临的特殊问题，最终依照规律特性施以针对性思想教育的实践活动。所以，社会学科学的理论研究与经验方法为中国赴海外留学生思想教育提供了重要的理论借鉴。

具体来讲，社会学中关于人的社会化的理论，对于中国赴海外留学生思想教育的研究具有重要价值，比如，再社会化理论。再社会化理论是指个体脱离原生社会环境，进入一个陌生的社会环境内，面对全新的文化氛围和价值理念，需要重新学习，以适应新的社会环境。而适应过程根据个体主观意愿不同，又分为主动再社会化和强制再社会化（罪犯改造）。其中，主动再社会化是个体主动去接受改变和适应新的社会理念，一般体现在社会发生急剧变动或移民生活中。中国赴海外留学生类似但不等同于移民生活，留学生逐渐适应海外学习生活的过程，就是他们逐渐接受留学所在国新的行为规范和放弃原有行为规范的过程，这是典型的主动再社会化。再社会化理论为思想政治教育正确认识留学生行为变化的发展轨迹提供了重要依据。

再如，社会学关于社会越轨的分析给思想政治教育规范留学生不端言行带来有益启示。社会越轨源于埃米尔·迪尔凯姆（Émile Durkheim）的社会团结理论，他认为社会发展的同时会出现一系列社会问题，尤其是社会意识多元存在的状况会造成人们的价值观改变，从而使人陷入一种迷茫甚至失范的状态中。越轨行为则是指偏离既定规范的行为，也称为偏差行为。[①] 所以，社会学当中，对越轨的惩罚是对将来越轨的一种威慑，更重要的是给社区提供一种重申集体意识的规范要求的机会，重新划分行为规范与否的标准的机会。近些年来，部分留学生

① 王思斌. 社会学教程［M］. 北京：北京大学出版社，2003：286.

各种不端行为屡禁不止，甚至由于个人的不慎选择表现出一系列有辱国家形象的异常行为，对我们的国家形象与利益产生了恶劣影响。但是，对于留学生不端言行的规范问题，国内已有的爱国主义教育并没有设立与之相匹配的处理措施和惩罚机制，所以，当留学生出现不端言行问题时，代替规范措施的只能是舆论讨伐。借鉴社会学对于越轨行为的奖惩措施，对相关留学生依据不同情况施以适度惩罚或者适度激励，才能在教育中引导留学生群体加强对规范意识的认同，进而推动留学生思想教育工作有效开展。

二、教育学为留学生思想教育提供知识借鉴

教育学是整个教育科学体系中的基础学科，所揭示的教育发展的一般规律以及教育的性质、目的、原则、方法等，对教育科学体系中的其他学科都有指导作用。① 思想政治教育学作为教育学的一个分支学科，其本质就是教育。总之，思想政治教育学在本质上也是一种特殊的教育学，同样需要教育环境，同样有着完整的教育过程，同样包含富有教育意味的内容，只是二者并不完全相同，有着明显区别。在一定意义上，教育学研究的是包含德育、美育、体育等各方面内容的整个教育，而思想政治教育则具有专业性、专门性，侧重对全体社会成员进行社会化的、包含政治内容的公德培育。但无论是教育学还是思想政治教育，最终的落脚点都是教育实践。因此，教育学成熟的理论、原则和方法等为中国赴海外留学生思想教育实践提供了丰富的知识借鉴。

---

① 陈万柏，张耀灿．思想政治教育学原理［M］. 3版．北京：高等教育出版社，2015：46.

三、法学为留学生思想教育提供方法借鉴

法学作为社会科学的基础门类之一，与思想政治教育的关系密切，其独特的研究方式与方法为中国赴海外留学生思想教育研究提供了可资借鉴的思路与方法。广泛意义上的思想政治教育研究大多倾向于宏观理论建构，对思想政治教育活动中出现的具体问题与特殊问题缺乏实证关注。中国赴海外留学生思想教育与泛化的思想政治教育不同，是立足实践、着眼于特殊群体的具体问题并提出解决方案的教育实践活动。因此，借鉴法学基本方法与教育方式，能够弥补以往思想政治教育研究中实证性缺乏的短板，从而为分析留学生这一特殊群体的复杂思想现象、探索教育规律以及提升教育效果提供了可能性。以法学中的法律诊所教育为例，又称临床法学教育，是一种教师指导学生在司法实践中掌握法律实务的实践途径。法律诊所是基于法学研究的实践属性所提出的一种实务性教学模式，强调在实践基础上发挥引导作用，旨在促进学生知行之间的能力转化。教育者之于教育对象，就如同医生之于患者。将诊所教育引入留学生思想教育领域，形成独具特色的“思想政治教育诊所教育”，正是教育者在实践中对留学生发挥引导作用，以及促进留学生不断内化思想价值观念认知并有效外化为具体行为的方法和途径。此外，法学当中的案例分析法亦为留学生思想教育提供了方法借鉴。其中，案例分析法的衍化方法——“反向内省”，对于提升思想政治教育实效性具有重要指导作用。“反向内省”是指在教育过程中，教育者不直接讨论被教育者本人的案情，而是根据被教育者曾经的违法案例或者相似案例设计出一个自然的常规工作场景，让被教育者以第三方立场来讨论和评判教育者所设计出的他人的案例，从而让他在评判他人的过程中审判了自己，在教育他人的过程中教育了自己，在追究他人的过程中

也追责了自己的一种内省方式。① 在中国赴海外留学生思想教育过程中，通过“反向内省”这一教育方法，将部分留学生的负面案例还原，以此引导留学生在特定教育情景中审视自我、检视自我，能够达到辅助留学生规避不良行为、不断完善自我的目的。总之，通过对法学研究方法的吸收和借鉴，能够丰富和完善中国赴海外留学生思想教育的研究方式与教育方法，有效解决当前思想政治教育研究的实证性缺乏关注的问题。

---

① 高德胜，王瑶，王莹．隐性思想政治教育在犯罪人社区矫正中的运用［J］．东北师大学报（哲学社会科学版），2016（3）：88.

第三章

中国赴海外留学生思想教育的历史演变

留学事业与国家和民族命运紧密相连。留学教育活动的开展，不仅事关我国对外文化交流，更对中国社会变革和发展进程有不可忽视的影响。追溯中华民族历史发展的长河，各个时期都留下了留学教育活动的身影。不论是汉唐时期高僧前往印度研习佛学经典，还是明朝时期使者赶赴海外学习交流，抑或是近代以来国家派遣留学，尽管规模不同、形式不一，但都是留学活动在中华民族发展史上留下的精彩印迹。总体来看，近代以前的留学教育活动参与人数较少、涉及面较窄，未形成体系。所以，通过考察梳理中国留学教育活动的发展脉络，本书以晚清时期（中国留学教育活动正式启动，出现官方认证的第一批留学生）为节点，将中国赴海外留学教育活动及其思想教育发展历程划分为新中国成立前期、新中国成立初期、改革开放时期以及社会主义新时代四个阶段，并从时代特征、政策支持及教育管理等方面寻求经验借鉴。

第一节　新中国成立前留学生思想教育的早期萌芽（1872—1948）

新中国成立前的留学教育主要体现在晚清和民国时期。晚清时期留学生教育活动主要围绕洋务运动、维新变法以及“新政”等变革举措开始逐步探索，留学生管理与思想教育呈现出与当时社会性质相匹配的半开放半封建特征；民国时期留学生教育活动随着政体变更得到了及时推进，但是民国时期政局仍处于不稳定状态。所以，彼时的留学生思想教育虽然相较于晚清时期更为开明，却也存在着诸多的时代局限性。

一、晚清时期专制化的留学生思想教育

中国留学教育活动的正式启动始于晚清洋务运动时期。晚清时期，经过两次鸦片战争的失败，加之来自西方产业革命的刺激与国内太平天国运动的打击，清朝内外交困。此时，部分官僚（曾国藩、李鸿章等人）为解除内忧外患、实现富国强兵、维护清朝统治，主张“开眼看世界”。于是清政府派遣留学生主动学习西方的器物文明，开启了一场“自强”“求富”的洋务运动，这也是以留学生为媒介的中西方文化的首次碰撞。

一是晚清留学计划的启动。晚清留学生教育活动始于留美幼童计划。在留美幼童出洋之前，虽然也有留学生的存在，但人数极少，并且留学生身份并不被大众熟知或者认可。留美幼童计划最早由容闳提出，容闳是近代留学史可追踪到的最早的留学生之一。接受了西方新式教育的容闳深切认识到教育变革的重要性，毕业回国后提出了留学救国计划，不遗余力地促成并亲自组织了第一批官费赴美留学幼童，成为中国留学事业的先驱。1867 年，容闳向清政府建议派遣留美幼童，并将留学事宜包括留学目的、留学人数以及留学生管理办法等列成具体计划呈之政府，如计划第二条：“政府宜选派颖秀青年，送之出洋留学，以为国家储蓄人材。派遣之法，初次可先定一百二十名学额以试行之。此百二十中，又分为四批，按年递派，每年派送三十人。留学期限定为十五

年。学生年龄，须以十二岁至十四岁为度。视第一、第二批学生出洋留学卓有成效，则以后即永定为例，每年派出此数。派出时并须以汉文教习同往，庶幼年学生在美，仍可兼习汉文。至学生在外国膳宿入学等事，当另设留学生监督二人以管理之。"① 曾国藩、李鸿章等洋务官员看到了容闳留学计划与洋务运动的契合点，（曾国藩）借此陈信清政府，认为留学生派遣是自强之路。在曾国藩、李鸿章等洋务官员的支持和运作下，留美幼童计划最终得以确立和实施。1872 年，容闳组织第一批三十名幼童赴美留学。之后的三年里，清政府每年继续遴选三十名幼童渡洋深造，先后派出四批留美幼童，共计一百二十名，是近代以来中国最早的正式官派留学生，也由此揭开了近代中国留学教育的序幕。此后，1877 年晚清的留欧船政生、戊戌变法后公费与自费相结合的留日学生派遣、"新政"时期的留欧热潮以及 1909 年的第一批庚款留学生等，都是晚清时期留学教育活动的重要组成部分，同时也在一定程度上影射了晚清时期动荡社会背景下的留学教育变革历程与特点。

二是清政府对留学生的思想管控。为保障留学计划顺利开展、加强对留学生的思想管控，清政府在认可并实施留学计划的同时，相继颁布了用以约束留学生的规章制度，并对留学生提出了诸多要求。在留学前，在选派留学生环节设置专门机构（留美幼童选派时，在上海设立幼童出洋肄业局），考核标准严格，尤其注重留学生的思想品德考核和培育。具体表现为：首先对留学生的传统礼仪习得情况加以考核与训练，如《沪局肄业章程》规定，培训期间幼童不得私自出门游荡，不得争闹喧哗、不守学规、慢视教令，对品行不端者、屡教不改者予以除名②；其次是注重加强留学生对本国语言和文化的习得，如《选派幼童

① 容闳．西学东渐记［M］．恽铁樵，徐凤石，译．珠海：珠海出版社，2006：122.

② 李喜所，元清．中国留学通史：民国卷［M］．广州：广东教育出版社，2010：77.

出洋肄业应办章程》规定留学生在留学前后都要按时学习既定中文课程；最后是将“中学为体、西学为用”的教育思想贯穿留学教育整体过程，引导留学生在出国前就形成“状元榜上标金字，直入皇都作栋梁”的留学目标，使其明确身负救亡图存的重大使命，并立志学成报效国家。

在留学期间，设立留学监督机构，监管思想变化。在历经清政府留学前的系列考核后，留学生远赴他国，置身于异元文化中，面临着前所未有的跨文化冲突带来的巨大挑战。清政府为确保留学生在海外能够循规蹈矩，首先在海外设置监督机构，派遣官员直接管理留学生，负责学生的具体事宜以及针对不端言行予以严厉管教和处罚，甚至将违反条约的留学生遣返回国；其次是相继颁布约束留学生海外言行的规章制度，如戊戌变法后，针对留日学生颁布了《约束游学章程》《自行酌办立案章程》等，这些章程不仅包含留学期间清政府对留学生提出的具体要求，还加强了留学生归国前在考核、聘用等方面的管理；最后是强化留学生儒家传统文化灌输，派遣“品端学粹之儒者”按期考核留学生，如针对全体留美学生发布出洋肄业新手则。石霓在其著作《观念与悲剧——晚清留美幼童命运剖析》中指出，出洋肄业新手则将“中体西用”的精神转化为具体规章制度，不断强化儒家经典灌输和中文学习，规定幼童每月将中文作业送至出洋肄业局考查，每周末还要去肄业局聆听《圣谕广训》，并且停止美国地理、钢琴演奏、英国诗歌等课程的开设，等等。但是，文化熏陶的力量是不可估量的，留学生在正面中西文化冲突带来的巨大挑战的过程中，一方面逐渐适应和接纳西方文明，开始了从服装、发型、礼仪到运动等多方面的移风易俗，另一方面传统而又强烈的家国情怀使得留学生身处异国他乡时牢记留学使命，坚决贯彻“师夷长技以制夷”的留学原则。然而，留学生在海外学习生活过程中发生的某些改变，比如，前文提到的服饰、发型、运动等方面的移风易俗，在封建官僚眼中成了“忘本”“忘祖”“忘根”之举。这直接酿就了历史上著名的“留美幼童公案”，晚清留学计划由此中止，留美幼童全部被停学并被要求回国。容闳在自传中记载了清政府撤回留学生的种种不当理由，他认为清政府的撤回决定是清朝官僚封建思想的专制打压，只是因为无法接受新旧教育在留学生身上碰撞后引发的变化，从而认定西方教育必然导致幼童适异忘本。这充分体现了清政府鼓励留学以挽救岌岌可危的统治，但又惧怕留学生在海外受到新思想熏陶的封建病态心理。更为遗憾的是，在当时的封建体制下，留美幼童被撤回后并没有得到妥善安置。虽然之后留美幼童中出现了诸如修建京张铁路的詹天佑，外交翘楚梁敦宜、唐绍仪，北洋大学校长蔡绍基等行业大家，但他们成名也已经是被强制召回后的二十年甚至三十年以后的事情了。只是，不管怎样，晚清幼童留美计划的确开启了近代公派留学教育的大门，并因此享有中国留学教育的里程碑之美誉。在晚清留学生派遣过程中，清政府不仅尝试了公费、自费等多种派遣方式，还制定了诸多章程办法，更重要的是有意识地加强对留学生传统文化修养和道德品行修养等方面的关注，虽然有些矫枉过正，但开启了中国赴海外留学生思想教育的先河。

二、民国时期多元复杂的留学生思想教育

“中华民国”始于 1912 年，历时 38 年。民国时期军阀割据混战，社会动荡不安，38 年间爆发了三次国内革命战争和一次抗日战争。虽然在这样一个多元复杂的社会环境下，教育事业尤其是留学教育却得到了一定发展。相对于晚清时期留学不被社会认可或接受的状态，民国时期留学教育逐渐走进大众视野，民众认可度得到很大提升，留学形式也

愈加多样化，甚至成为有志之士挽救国家前途、打拼个人前程的重要途径，在社会上形成了一股留学热潮。但是，限于民国时期社会政局的不稳定，该时期的留学教育亦存在难以规避的时代局限和历史难题。

一是民国时期留学教育发展历程。虽然晚清时期为近代留学教育奠定了一定基础，但是民国初期开展留学教育活动仍然面临很多问题。本书通过分析民国时期留学教育发展经历的几个阶段来阐明具体问题所在。第一个阶段是民国初期和北洋政府时期（1912—1927）。这一时期借晚清庚款留美热潮，留学教育得到持续发展。尤其是五四运动后，留学救国思想深入人心，每年都有近百人赴美留学。这一阶段的留学热潮主要表现为两方面。一方面，第一次世界大战加快了国际社会之间的人员流动，催生了“勤工俭学”这一种新的留学形式。赴法勤工俭学的留学生更是涌现了一批中国革命的中坚力量，如周恩来、邓小平、陈毅等人。另一方面，1921 年中国共产党成立后，为学习和引进马克思列宁主义，在“以俄为师”的社会热潮下，留学苏俄逐渐成为热点，留学教育也因此在动荡的社会中不断向前发展。第二个阶段是南京国民政府时期（1928—1937）。这一时期政局趋于稳定，留学教育得到了比较稳定的发展。其间，南京国民政府为进一步加强留学教育管理，成立了留学美国的行前预备学校，又称为“清华学堂”，同时还制定了一系列留学法规。例如，为规范留学生的派遣管理工作于 1928 年制定《发给留学证书规程》；考虑到自费留学形式的出现，为加强自费留学生管理，颁布《修正发给留学证书规程》；之后因抗日战争爆发，考虑时局变化对留学教育造成的影响，政府制定《留日返国学生救济办法》，颁布《限制留学暂行办法》等章程。可以说，南京国民政府时期相对稳定的社会环境为留学教育提供了良好的社会基础，而以上相关留学法规的及时颁布也为之后的留学教育发展奠定了良好的政策基础。第三个阶段是抗日战争爆发阶段（1938—1949）。战争爆发造成了剧烈动荡的社会反应，留学教育受到严重影响，进入发展低谷期。1942 年之后，国民政府基于现实需要，计划通过考试择优派遣留学生，再次启动留学教育。但随着国民党挑起内战，留学教育计划和相关管理工作因此搁置。所以，由于战乱影响，该阶段留学教育处于一个艰难发展的时期，发展态势并不明朗。

二是民国时期对留学生的思想教育。民国时期经历了北洋政府时期、南京国民政府时期以及抗日战争爆发等多个特定阶段，不同阶段的思想教育有着不同的显著特征。具体表现为以下几点：第一，留学救国思想深入人心，这主要体现在第一阶段民国初期。尤其是五四运动时期，一大批热血青年为了探寻救国救民的真理而远渡重洋。他们亲历日本“二十一条”事件和巴黎和会中国外交失败事件之后感到痛心疾首，在异国他乡游行示威，并向全国发表《泣告全国同胞书》《警告父老乡亲书》，成为五四运动“外争主权、内惩国贼”的先驱。在他们的号召下，反日爱国运动在全国掀起热潮，留学生们的爱国主义精神也由此更为浓烈。抗日战争爆发时，在祖国最危急的关键时刻，海外学子心系祖国不惜辍学归国，掀起了近代留学史上一次规模空前的回国热潮。当然，抗战时期回国热潮的形成，除了共赴国难这一内在原因外，还受到如留日学生不堪迫害、欧美留学生经济中断以及教育部饬令回国等因素影响。留学生出国多年，一旦踏上国土，思乡之情不待言说。然而大多数留学生归国后不是急于同家人团聚，而是奔赴救国第一线。① 他们并没有在国家遭受侵略、经历屈辱之时选择条件优越的异国他乡，而是怀着强烈的忧患意识和使命感毅然选择回国，奔波在抗日宣传、募捐、记

① 王奇生．抗战期间留学生群像初探［J］．近代史研究，1989（4）：265.

述以及教育等各个方面。一方面向我们展示了民国时期复杂社会环境下留学生群体给后世留学生带来的榜样作用，另一方面也说明了当时思想教育的成功所在。第二，不断强化对留学生的思想教育，这主要体现在第二阶段南京国民政府时期。南京国民政府时期对应了民国社会环境相对稳定的一个阶段，稳定的社会环境为教育发展创造了充足条件。并且，为了服务政治、维持政局稳定，也为了留学教育活动有序开展，国民政府尤其注重留学生的思想教育。如 1931 年颁布《三民主义教育实施原则》，对留学生的思想文化方面提出了近乎严苛的要求；1933 年又颁布《国外留学规程》，详细规定了出国留学需要具备的各项具体条件以及留学生所应遵循的思想纪律要求。总而言之，留学生们在留学前无论公费还是自费，都需要接受国民党党性教育；留学期间无论公费还是自费，如有违背相关章程立即取消留学资格。第三，留学生思想教育内容中逐渐引入马克思列宁主义，这始于中国共产党成立之初并在抗日战争爆发时期体现尤为明显。其实，在中国共产党成立前的五四运动时期，中国一些先进知识分子就开始留学引进马克思列宁主义的实践探索。1921 年中国共产党成立后，中国的革命形势又出现了新变化，为了培养坚定的马克思主义者和军事化人才，选派留苏学生成为发展壮大中国共产党的新举措。① 事实证明，中国共产党派遣的留苏学生不仅扩大了中国共产党在海外留学生群体中的影响力，还有力推动了马克思列宁主义思想在中国的传播。总之，这一时期以马克思列宁主义为凝聚核心，中国共产党吸纳了更多的优秀力量，诞生了张闻天、瞿秋白、刘少奇等优秀的中国共产党革命理论家，形成了留学教育的良性循环。这一时期的留学生思想教育实践，对今天我国留学教育政策的制定以及留学

① 刘海春，沈永英. 我国高校交换生思想政治教育研究［M］. 北京：人民出版社，2019：80.

生思想教育的完善有着重要启示，为之后的留学教育活动打下了坚实的基础，留学教育由此开启了一场全新的征程。

第二节　新中国成立初期留学生思想教育的初步探索（1949—1977）

留学教育的发展是配合国家重要发展战略进行的，与国家发展规划相一致。新中国成立后，社会各方面发展百废待兴，急需大批建设人才，因此党和政府采取了积极争取留学生归国的政策，并着手建立新中国的留学制度。在这一背景下，一批心怀祖国的留学人员不顾资本主义国家的百般阻挠，积极响应国家号召，形成了新中国成立后的一股归国热潮。同时，中国作为新成立的社会主义国家，为冲破帝国主义封锁，加快社会主义建设步伐，党中央和中央人民政府明确提出要学习苏联等社会主义国家的建设经验和管理模式。所以，彼时中国“一边倒”的基本外交策略催生了新中国成立后的留苏热潮，使中国留学教育得到进一步发展。然而，到了“文化大革命”期间，中国留学教育同社会建设的其他方面一样，步入了一个低潮时期。但是，从整体来看，新中国的成立为中国各项事业的发展开创了一个全新的局面，留学思想教育也由此进入一个全新的时代，面临着全新的发展机遇和挑战。

一、新中国成立初期留学教育发展历程

新中国的成立是中国历史上一个具有伟大意义的里程碑，从根本上改变了中华民族的前途命运。但是，新中国成立后面临的国内外环境并不乐观。一方面，二战后以美国为首的西方资本主义国家一致排斥新中

国在国际社会中的主体身份地位，在经济、军事和政治层面对新中国采取孤立和轻视政策，这给新中国政权带来了巨大挑战；另一方面，尽管新中国得以独立自主，但支撑国家根本的物质基础依旧匮乏，因而国家建设和社会发展面临诸多难题。新中国若要捍卫新生政权、实现独立发展，就需要在复杂的国内外环境中图谋出路，处理好“结束”和“开始”这两方面的问题，即结束旧体制及其相关规制、开始新体制及其相关规制。留学教育作为国家人才战略的一部分，同样面临这一发展问题。所以，新中国成立初期，留学教育工作首先面临着结束旧的留学制度并尽量降低旧制带来的负面影响，以及开始新的留学制度以引领留学工作实现新发展的问题。根据新中国成立初期国家建设和发展的脉络，对新中国留学教育发展历程梳理后得知，新中国留学教育发展具体呈现为以下三个阶段。

一是新中国留学制度的建立与归国热潮的涌现。新中国成立初期，因国内国防、政治、经济、文化等各方面对大量建设人才的实际需求，于是国家采取多种途径争取中国赴海外留学生早日学成回国，一改以往尤其是晚清时期对待归国留学生的冷遇状态，“欢迎留学生回国”成为新的时代趋势。如新中国成立前夕，关于留学生回国的诸多事宜就已经受到重视，由前华北高等教育委员会负责相关工作安排。新中国成立后，教育部接管留学生回国安排工作，于新中国成立同年 12 月成立“办理留学生回国事务委员会”。该委员会主要负责对接和指导有关留学生回国事宜，依据新中国团结和争取一切爱国知识分子的政策，秉持“一般的号召，在自愿的基础上早日学成回国为人民服务”的原则，落实“调查尚在国外的留学生、动员其早日回国，对留学生回国前后的宣传了解及教育，留学生回国后的招待，统筹解决回国留学生的工作”等具体任务。之后，1956 年 2 月，高等教育部发布《关于争取尚在资本主义国家的我国留学生回国工作的通知》，正式在政策层面对广大中国赴海外留学生寄予了积极回国参加社会主义建设的厚望。中国共产党领导全国各族人民进行艰苦卓绝的斗争，建立了社会主义新中国。很多在国外的留学生被从根本上改变了中华民族命运的大事件所感召，建设家乡、回报祖国成为海外中国留学生的迫切追求，于是比较进步的留学生在国外发动了归国运动。1950 年 2 月，以“讲学”名义赴美交流的华罗庚毅然回国，并于《大公报》上发表了著名的《写给留美同学的一封信》，信中字字箴言，既表达了华罗庚对新中国伟大胜利的激动，又有对留学生同胞直击灵魂的追问，更对广大留学生发出了“我们既然得到了优越的权利，我们就应当尽我们应尽的义务；尤其是聪明能干的朋友们，我们应当负担起中华人民共和国空前巨大的人民任务”① 的号召，由此鼓舞了更多留学生积极投身到报效祖国的伟大事业中。只是，在一些留学生回国之时，遭到了留学国家也就是以美国为首的西方资本主义国家的百般阻挠，如美国扣留原子核物理学家赵忠尧和航空工程专家钱学森等。其间，留学生群体之间自发形成的团体组织发挥了极为重要的作用，如“留美中国科学工作者协会”，在留学生与祖国之间发挥了桥梁的作用，不仅宣传归国思想，还联合国内力量助力大量被阻留学生顺利踏上归国之路。据记载，新中国成立初期至 1956 年年底，归国留学人员达 3000 余人。值得肯定的是，归国留学生中的多数人都学有所成且满怀爱国热情，如邓稼先、钱学森、钱三强、唐敖庆、赵忠尧等，在归国后积极投身祖国建设事业，为新中国各项事业的发展做出了巨大贡献，在中国赴海外留学生归国史上留下了浓墨重彩的一笔。随着新中国留学制度的确立，中国留学教育的历史帷幕逐渐拉开。可以

① 华罗庚．写给留美同学的一封信［N］．大公报，1950-03-04.

说，新中国留学制度的确立与海外留学生的报国热情，共同掀起了中国留学生群体波澜壮阔的归国浪潮，也为日后有序派遣留学生奠定了思想基础。

二是外交政策引导下的定向留苏教育及其兴衰。中国共产党通过武装革命手段实现了民族独立，建立了新中国。在新中国成立初期，我们坚定选择站在社会主义阵营一端，并不惜一切代价维护国家统一和主权独立，确定了我国外交政策的基本方针："另起炉灶""打扫干净屋子再请客"、对帝国主义"不承认"和站在苏联阵营一方的"一边倒"等。此时的外交政策如"不承认""一边倒"带有明显的时代烙印，这与新中国成立初期要处理的敏感问题以及面临的复杂国际形势密切相关，是新中国在保卫胜利果实、捍卫新生政权独立与稳定的斗争中做出的必然选择。这一选择决定了我们不只是单纯地站在以苏联为首的社会主义阵营一边，更表明我们要积极主动地向社会主义国家尤其是苏联学习进步的科学技术、文化教育以及国家发展模式，等等。因此，1951年，我国首次派遣375名学生前往苏联留学。但由于派遣经验不足，留学派遣前的准备工作并不充分。比如，派遣生的语言培训、生活习惯和政治审查等方面的准备工作欠缺，导致留学生在苏联留学期间出现了各种问题。为解决这一问题，中央在北京俄语专科学校成立留苏预备部，培训开始时间是1952年，培训学员的周期是一年，主要负责留学生语言、政审以及出国后的保障工作。总之，1954年起，经过国内留学前培训的大批留学生赴苏，连续三年有5000多名留学生到苏联各高等院校和研究单位学习，还有7000多名实习生到苏联厂矿企业实习，形成一波留苏的高潮。① 但是，受中国国际站位和外交关系等因素影响而产

① 周尚文．新中国成立初期"留苏潮"述评［J］．毛泽东邓小平理论研究，2012（10）：50.

生的留学热潮，必然也会因为中苏关系的波动而产生相应变化。之后一段时间里，中国留学生在苏联的学习和生活条件受到中苏关系恶化的影响，留学进程困难重重，同时中国拟向苏联派遣的留学生数量也随之大幅减少。1957—1960 年这四个年度留苏学生数量分别为 483 人、378 人、460 人、317 人，到 1961 年和 1962 年，留苏人数分别为 74 人和 55 人。① 20 世纪 60 年代，随着中苏关系恶化，留苏学生境遇更为困难，加之国内政治形势影响，留苏学生受到了国内和苏联双方的明令要求，于 1966 年 10 月底全部回国，新中国时期的"留苏"热潮就此终结。该时期的留学教育除了表现为向苏联派遣留学生之外，波兰、捷克在新中国成立后首先在教育交流方面向我们抛出橄榄枝，提出与我国互换留学生的建议，这一建议得到了毛泽东和周恩来等党和国家领导人的积极支持。与此同时，由外交部向罗马尼亚、匈牙利、保加利亚、朝鲜民主主义人民共和国等驻华大使提出交换留学生建议，由时任政务院文化教育委员会主任的郭沫若先生制订交换留学生计划，于 1950 年与东欧五国互换 35 名留学生，以此为标志，中国交换生留学教育正式开启。

三是"文革"期间留学教育工作步入发展低谷期。"文化大革命"对我国留学派遣工作产生了直接影响。例如，高等教育部于 1966 年 6 月发出《关于推迟选拔、派遣留学生工作的通知》，计划将该年选派留学生的工作延后半年，但实际上留学计划因"文化大革命"被搁置了六年，直到 1972 年才逐步恢复留学生派遣工作。同时，已开展的留学计划全部中止，教育部、外交部于 1967 年 1 月对中国海外留学生发布通知，要求在海外学习的中国留学生回国，借此将已出国留学生全部召回国。可以说，"文化大革命"期间关于留学教育的系列举措，使得我

① 中华人民共和国教育部计划财务司．中国教育成就统计资料：1949—1983［M］．北京：人民教育出版社，1984：126.

国在一定程度上错失了大量人才资源，我国留学教育也由此步入发展低谷期，甚至一度陷入停滞状态。直到1972年，新中国迎来了外交高峰，中国与西方国家正常建交，中国留学生的派遣工作才逐渐恢复。虽然恢复期留学教育规模较小，但停滞数年的留学教育工作得以重新启动已是意义重大。当然，也正是因为1972年逐步恢复的留学教育工作，才有了改革开放新时期留学教育不断调整和顺利开展的新局面。

二、新中国成立初期留学生思想教育的发展

新中国成立初期，我国对留学生的思想教育与时代任务紧密相连，是围绕党在当时的中心任务展开的，主要有以下几个显著特征：一是宣介新中国制度优势，使留学生学有所用、学有所归，这是中国赴海外留学生愿意归国的基本前提。在留学生归国环节，通过宣传介绍新留学制度以及归国后的优待政策，为拟归国的留学生吃下"定心丸"，是新中国成立初期留学生思想教育的重要策略。这一阶段，为争取我国赴海外留学生和学者回国服务，不仅成立办理留学生回国事务委员会，还就接待留学生回国事务召开多次会议，不断完善和改进留学生归国接洽工作，而且面向留学生群体大力开展宣传工作，宣传内容大至国家制度优势及工作安置问题，小至签证、入境、旅费及生活起居。例如，《办理留学生回国事务委员会工作概要》（1949年12月至1950年6月底），对宣传工作做出了如下说明："半年来限于人力，只是通过新华社、国际新闻局等发出一些消息给国内外报纸刊物，并通过文化部对外文化事务联络局等寄出书籍45种共六百余册，及《人民中国》等给国外十余留学生团体。此外，回答留学生的来信，解答他们的问题，说明政策，

除去他们的顾虑，也是经常的工作。”① 再如，针对不同学科背景的留学生，其具体安置情况也不同。自然学科方向的留学生一般可以直接参与工作，而社会学科的留学生因学科属性所涉及的内容存在明显的中西方差异，因而会建议这部分留学生先去华北人民革命大学进行思想教育培训，了解中国最新国情，从而实现思想意识再社会化过渡。同时，办理留学生回国事务委员会通过组织留学生自学、座谈和听首长报告等形式，辅之以《论人民民主专政》《共同纲领》等学习资料，向回国留学生介绍新中国各方面的具体状况，以促进留学生群体更好地融入新中国的社会工作环境。可以说，该时期留学生回国后的系列安置工作对于助力留学生实现回国后的有序过渡仍然有着重要的参考价值。二是发挥同辈劝说作用，将家国情怀厚植于留学生心中，这是中国赴海外留学生回国的情感动力。新中国归国热潮兴起时，由于国际关系处于紧张状态，西方国家对新中国政权持敌对态度，很多留学生在归国过程中受到西方国家百般阻拦，甚至遭到西方留学国家的拘禁、恐吓、虐待，国外的这种混乱状态与新中国的留学制度以及对回国留学生的厚待政策形成了鲜明对比。因此，一些进步海外团体联合海外爱国学子发挥同辈劝说作用，在留学生群体间纷纷发声，揭露西方恶劣行径，以共情力激发留学生报国热情，为犹豫归国和徘徊于选择边缘的留学生们注入了一针“强心剂”。例如，华罗庚回国之际给留美同学的一封信，在当时鼓舞了许多海外留学生积极投入祖国的建设事业中。三是关注留学生的政治倾向，确保中国赴海外留学生思想端正，这是党和国家放心吸纳中国赴海外留学生归国建设的重要保障。中国赴海外留学生能够学成归国对新中国的建设事业固然意义重大，但历经海外多元思想观念和价值观念冲

① 李滔．中华留学教育史录：1949 年以后［M］．北京：高等教育出版社，2000：12.

击的留学生，其思想政治倾向和原则立场问题是关乎归国留学生能否全心全意投入祖国建设事业中的根本问题。所以，党和政府在这一时期对留学生的政治倾向问题格外关注。为此，高等教育部于 1954 年 4 月 19 日特别拟定《留学生注意事项》，函送各留学国使领馆，对我国赴海外留学生的思想、学习、生活、纪律乃至恋爱问题等方面都做出详细要求并列出具体行为规范；于 1955 年 6 月 10 日发布《关于改善国外留学生健康情况的指示》，这一健康情况不仅包括身体健康，更包括心理健康、政治健康。具体指示意见有："必须教育学生认识和贯彻全面发展的教育方针，努力成为'政治坚定、业务精通、作风正派、身体健康'全面发展的专门人才。批判那种拼命学习、忽视健康和不问政治的偏向。"① 总之，新中国时期的留学生教育工作仍处于不断探索和实践中，并在探索实践过程中及时总结经验教训，在发展留学教育的道路上进一步夯实了中国同国际交流的基础。也正是有了新中国时期留学生思想教育作为前期铺垫，改革开放新时期的留学生思想政治教育才得以不断前进。

第三节　改革开放时期留学生思想教育的规范调整（1978—2011）

"文化大革命"后，我国包括教育战线在内的各条战线均处于恢复、调整和发展的关键时期。留学教育作为教育战线的重要组成部分，是加速人才培养、学习国外先进科学技术、吸收有益文化和实践经验的

① 李滔．中华留学教育史录：1949 年以后［M］．北京：高等教育出版社，2000：238-239.

最有效方式，恢复、调整进而实现规范化发展是留学教育在该时期的重点工作。改革开放时期，以邓小平同志1978年就派遣留学生问题作出重要指示为开端，我国对留学生教育制定了一系列方针和政策。可以说，在中国特色社会主义建设实现伟大变革的过程中，留学生教育工作及其思想教育活动迎来了新的春天。

一、改革开放时期留学教育的规范调整

1978年，邓小平同志在听取教育部关于清华大学工作汇报时，就派遣留学生给出指示，他认为留学生派遣从派遣数量、管理制度到教育方法等方面都要逐一改善。以此为契机，留学生教育开启了新的发展阶段，主要表现为以下几方面。

一是留学规模不断扩大。1978年十一届三中全会前期，教育部向邓小平同志以及方毅同志提出加大选派留学生数量的报告。报告当中对留学生派遣的数量、选拔要求、实施办法、留学国家、专业选择以及日常管理和回国事宜等做出详细规定，拟结合国家建设需要于1978年派出3000名留学生（1978年实际派出1777名留学生），并初步考虑以大学生为派出留学生的主要构成，占据总派出留学生的3/5至7/10，进修生与研究生分别占派出留学生总人数的1/5左右。由此，中国大规模派遣留学生的教育之路正式开启。1979年，随着各国交流的进一步深化（包括中美正式建交），在中国领导人访问其他国家和接待各国访华使团的过程中，几乎都有涉及互派留学生的情况，并在交流过程中达成了一系列教育交流合作协定，如中美教育交流议定、中日预备教育方案以及《国家教委关于与联邦德国联合培养博士生的通知》等。1980年1月全国出国留学人员工作会议召开，将大规模留学教育推向发展高潮。20世纪90年代，以邓小平1992年1月的一次讲话为契机，中国政

府于次年正式确定了“支持留学，鼓励回国，来去自由”的政策方针。其间，我国整体出国留学活动规模超过 19 万人，几乎每年都有两万多人出国留学。进入 21 世纪后，在中国特色社会主义进入新时代以前，以中国正式加入世贸组织为契机，我国留学政策进一步放开。并且，随着我国社会各方面发展的不断加快，随着人民生活水平的逐步提高，我国留学事业在这一阶段步入正轨并在规模化发展和专业化发展等方面取得长足进步。据相关统计数据显示，“该阶段各类出国留学人员总数合计约为 227.67 万人，年均约 18.97 万人”①。

二是规范化的留学体系初步形成。随着改革开放不断深入，我国突破了国家派遣留学生的单一形式，逐渐形成了国家统一派遣、单位自行派遣和个人自费留学三种形式于一体的留学体系。并且，这一留学体系延续至今。在公派留学生领域，国家调整并出台了一系列规章制度，以制度保证公派留学的优质优量；在单位派遣领域，一些单位逐渐认识到派遣留学生是学习国外先进技术和管理经验的最有效方式，逐渐将派遣留学生工作日程化；在个人自费留学领域，虽然自费留学形式早已出现，但随着改革开放的推进以及人们思想观念的进一步解放，留学理念逐渐深入人心，自费留学规模在这一时期不断壮大，成为我国留学体系的重要组成部分。截至 1984 年，我国自费留学生只有 7000 多人，而 2002 年的自费留学生已上升至 11.7 万人。此外，中国留学服务中心（简称“留学服务中心”）于 1989 年 3 月成立，这标志着国家留学教育的专业化日趋成熟。留学服务中心成立至今，对接各类留学人员办理各种手续。例如，出国与回国的各种手续办理、学历证书认证以及档案户口转接、各种项目经费的资助申请与公派奖金项目、留学生行前相关

① 苗丹国，陈可森，杨晓京．出国留学培养有家国情怀国际视野的建设人才［N］．中国教育报，2019-09-27（5）．

培训工作等。

三是自费留学政策正式出台。随着我国留学体系初步形成，自费留学风气持续升温、自费留学规模逐渐扩大、留学中介机构大量出现，这在一定程度上给中国留学教育的管理工作带来了很大挑战。鉴于此，1981 年 1 月国务院针对自费留学的相关情况，批转教育部等七个部门，出台《关于自费出国留学的暂行规定》（以下简称"暂行规定"），这是首次以官方文件的形式对自费出国加以说明，暂行规定内容详细，涉及留学范围、审批状况及相关管理工作等。又因自费留学形式及该类别留学生存在多种不确定性，暂行规定根据具体情况的需要相继出台了各种补充规定。如 1990 年《国家教育委员会发布关于具有大学和大学以上学历人员自费出国留学人员的补充规定的通知》，其中，相关补充规定都以通知的附件进行发布。总之，国家对自费出国留学人员的官方关注和政策出台，是有效管理中国赴海外留学生以及规范中国留学教育发展的重要保障。

二、改革开放时期留学生思想教育规范发展

改革开放为中国各项事业的发展带来了全新面貌。在改革开放发展过程中，具有中国特色的留学生思想教育也迈向一个新的发展阶段。一方面，稳定的教育政策为留学生思想教育发展提供了重要保障。进入 20 世纪 90 年代，随着邓小平南方谈话和党的十四大召开，我国经济发展迎来新契机，改革开放的步伐明显加快，再加上教育法等一系列教育领域的政策法规出台，我国留学生教育政策的法治化、科学化水平得以大幅度提高，改变了过去留学生教育政策反复多变的局面。从一定程度上来讲，政策是工作开展的风向标，一系列留学教育规范政策的出台意味着中国留学教育活动的开展逐步进入了相对稳定的时期。在留学教育

发展过程中，稳定的政策环境和社会基础无疑为留学生思想教育提供了进一步发展的空间。1978 年 9 月经国务院批准的《驻外使馆文化参赞会议讨论派遣出国留学生的情况报告》中，为进一步解放思想，充分交流讨论留学管理经验，特别强调了留学生教育需要解决的几个政策性问题。例如，针对公派出国留学人员的选拔，1986 年发布《中共中央、国务院关于改进和加强出国留学人员工作若干问题的通知》，通知中明确规定对于公派留学人员的选拔要尤其重视其政治立场、思想素质和业务水平，并将此作为公派留学申请的主要考核条件；再如，针对留学生在海外参加群众组织及政治活动的问题，明确提出"在外国的大学，学生群众组织很多，有些是政治性组织。对这些组织，仍应按我一贯态度，不管是中间的还是进步的，我留学生一般不参加"①。另一方面，自费留学生的规模化发展为留学生思想教育发展提供了新的契机。改革开放新时期，是自费出国留学实现规模化发展的重要时期。这一时期，随着中国赴海外留学生总数的不断增加，以"自费为名"但出于各种目的的留学人员也在不断增加。比如，受西方功利主义和实用主义影响，自费留学生在自由选择专业的时候多倾向于贸易、金融以及工商管理等适应经济部门的学科。中国留学生在美成立的第一个学会是"经济学会"。② 相关部门逐渐注意到了日益壮大且逐渐倾向于利益选择的自费留学生群体，并对自费留学生加以思想关注。例如，1981 年出台的暂行规定，对我国驻外使领馆的职责提出相关要求，认为我国驻外使领馆应积极关心自费出国留学人员，加强对他们的联系和管理教育工作。1982 年，教育部等四个部门进一步强化对自费留学生的思想关注并出台相关规定，规定赴海外留学之前，自费留学人员原单位无论是学

---

① 李滔．中华留学教育史录：1949 年以后［M］．北京：高等教育出版社，2000：376.

② 李正堂．八十年代中国人在海外［M］．北京：人民日报出版社，1989：13.

校教育单位还是企事业单位，都应对申请者的思想政治状况进行严格审核，同时对准予申请的自费出国留学人员认真做好思想工作，为鼓励他们学成归国做好思想基础工作。1986年《中共中央、国务院关于改进和加强出国留学人员工作若干问题的通知》中，对以往规定的内容做出进一步完善，认为国家不应区别对待公派和自费两种类别的留学生，应该同样重视和关心自费留学人员，同时提出自费留学人员的原单位要与公派留学人员所在单位一样，加强与本单位出国人员的联系，通过日常联络、关心和交流，潜移默化地鼓励与引导本单位留学人员学成回国，投入祖国各项事业的建设中来。可以说，改革开放新时期对于自费留学人员的思想关注较之以往有了很大进步，但遗憾的是，这一思想关注并没有形成体系化，只是零散地见诸于各项政策文件中，落实程度和效果亦无从得知。并且，思想政治教育学科起步较晚，形成于改革开放时期，1978年党的十一届三中全会实现了思想层面的拨乱反正，成为新时期思想政治教育活动的起点，为思想政治教育实现学科化发展奠定了基础。但是，思想政治教育作为一门学科在该阶段处于系统建设时期，以至于无暇顾及中国赴海外留学生这一社会特殊群体。所以，改革开放新时期，中国赴海外留学生思想教育的工作主要由教育部相关部门负责，由于缺少体系化教育配置以及有效的后续保障，逐渐造成了留学生思想教育的形式化、流程化以及断节化，该影响一直延续至今。

第四节　社会主义新时代留学生思想教育的完善创新（2012年至今）

党的十八大以来，我国发生了深层次、根本性的变革，取得了全方位、开创性的成就，中国特色社会主义所处的发展阶段随之发生了重大变化。为此，十九大报告提出了中国发展的新的历史方位，即中国特色社会主义进入了新时代。新时代是中国特色社会主义发展进程中的一个重要转折点，是体现中国实现跨越式发展的关键时期。随着中国特色社会主义步入新时代，留学工作以及留学生思想教育也相对应地进入了新的历史发展阶段。可以说，党的十八大以来，中国留学事业得到空前发展。但这一伟大实践并非新时代的冒进之举，而是基于中国特色社会主义新时代社会主要矛盾的变化而演进的，是在我国独特文化传统、基本国情和社会形态的交融下演进的，更是结合新时代复杂的国际环境与留学生现实需求的状态下演进的。总之，随着中国特色社会主义进入新时代，中国留学工作也逐渐显现出新的时代特征，全面总结和分析新时代中国留学事业的发展与不足，对提高人才培养质量、强化国际学术交流以及提升中华民族形象来说意义重大。

一、新时代留学生教育发展状况概述

我国留学教育工作随时代发展进入新的发展时期，呈现出新的时代特点。例如，我国“一带一路”倡议向纵深推进，为开辟留学新路径创造了更多机会，为新时代留学教育提供了更为开放和更具发展前景的合作平台。但新时代背景下，留学生群体多样化、社会环境网络化以及国际社会关系复杂化等趋势更加明显，留学教育面临更多的不确定因素。新时期的诸多新变化是关系留学教育全局的关键，对党和国家的留学教育与管理提出了许多新要求，留学教育因此面临着一系列新问题、新挑战。所以，在新时代背景下，厘清当前留学教育的发展状况及其面临的新形势、新挑战，并探索未来留学教育工作的侧重点，是新时代完善留学教育、实现留学教育持续发展的重要任务。具体来讲，新时代留学教育主要表现为以下几方面。

一是留学规模稳步扩大，成为第一大国际学生生源国。据教育部统计，党的十八大以来，我国赴海外留学的人员数量不断增长，已连续多年成为全球第一大留学生生源国。在中国一线地区或者沿海城市，经济发展带来人们观念的改变，留学被越来越多的家庭所接受，留学教育逐渐大众化。教育部出国留学数据显示中国学生出国留学总数不断刷新：2013 年约 41.39 万人，2014 年约 45.98 万人，2015 年约 52.37 万人，2016 年约 54.45 万人，2017 年约 60.84 万人，2018 年约 66.21 万人。① 2019 年年末的最新数据显示赴海外留学人员突破 70 万人。新冠疫情暴发之后，赴海外留学人员及其留学进程受到一些影响，但整体波动不大。总体来看，中国赴海外留学人员呈现逐年增长的趋势。其中，党的十八大以来出国留学人员总数约占 1978 年以来 40 多年间出国留学总人数的 59.69%，年均约 55.94 万人。由此可见，中国特色社会主义进入新时代以来，中国留学教育事业进入了一个前所未有的发展阶段，留学教育工作进展迅速，留学教育成果突出，留学事业蓬勃发展。

二是留学体系不断完善，自费出国留学成主力军。出国留学工作随着中国社会历史发展不断推进，逐步形成了“国家公费、单位公费、个人自费和境外奖学金等多条出国留学渠道并存，多层次、多学科、多领域、多国别等多种留学人才培养模式并举，支持留学、鼓励回国与来去自由、发挥作用等多项留学工作方针并重”的总体格局，留学制度体系日臻完善。需要注意的是，较之改革开放新时期的公派留学、单位派遣以及自费出国三种基本留学体系，新时代留学的体系结构发生了较大变化。例如，当前阶段留学体系出现了以申请“境外奖学金”为新

① 苗丹国，陈可淼，杨晓京．出国留学培养有家国情怀国际视野的建设人才［N］．中国教育报，2019-09-27（5）．

特点的出国留学方式，并且自费出国留学成为留学体系的最大组成部分。同时，不论是赴海外留学还是学成回国，这些人员的出国类别显示，自费留学生群体占大部分。但值得注意的是，随着留学体系不断完善、留学规模不断扩大、自费出国留学群体崛起的同时，留学管理工作面临的挑战也在逐渐升级。尤其是近几年中国赴海外留学人员言行辱没祖国的恶性事件不止一次发生，这对国家形象和国家利益产生了较为严重的不良影响。类似问题的出现不断呼吁留学教育应该在新的形势下“查漏补缺”，不断完善教育和管理机制，形成留学生不当言行的预防和规制机制。

三是留学政策不断强化支持力度，留学回国人数成亮点。新时期党和国家高度重视留学事业的发展，坚持以“支持留学、鼓励回国、来去自由、发挥作用”的新时代留学工作方针为指引，不断强化留学相关政策的支持力度，致力于“限制更少、渠道更宽、支持更大”的留学工作程序，全力应对留学进程中“黑天鹅”事件（如新冠疫情）的影响，不断提高和升级留学服务工作水平与质量，积极引导更多留学生学成归国并投入建设。具体来讲，在强化留学政策支持方面，教育部于2014年12月在北京召开全国留学工作会议，这是新中国成立以来首次召开全国会议对留学生教育工作进行统筹部署。2016年2月，《关于做好新时期教育对外开放工作的若干意见》正式出台，这是新中国成立以来第一份全面指导我国教育对外开放事业发展的纲领性文件。[①] 留学教育工作是文件的主要内容之一。此外，国家对积极引导留学生学成回国给予了高度重视，不仅着眼于“走出去”，更致力于“引进来”。2019年3月22日，由中国留学服务中心主办的留学论坛开幕，该论坛

① 刘海春，沈永英．我国高校交换生思想政治教育研究［M］．北京：人民出版社，2019：94.

旨在集思广益、推进新时期留学教育不断实现现代化发展。论坛上，时任教育部副部长田学军强调，留学是培养现代化建设人才的重要渠道，中国会继续通过留学这一途径加强国际交流、培养建设人才。除此之外，田学军同样对广大赴海外留学生提出期望，希望中国赴海外留学生能够学成归国，为祖国建设添砖加瓦。2020 年 9 月 16 日，教育部答复人大代表提议（十三届全国人大三次会议第 5337 号建议），答复内容主要包括三方面：一是以服务为宗旨，持续优化留学人员回国服务的环境，如推动“互联网+留学服务”平台建设，积极打造智慧留学服务平台；二是以平台为依托，积极为海外留学人员回国服务牵线搭桥，如组织归国留学生实地考察项目基地，为留学生归国就业创业提供良好平台；三是以项目为载体，着力做好海外人才引进和成果转化，如通过科研合作与学术交流，吸引留学生参与国内项目建设，提前了解国内研究架构，为学成归国做好过渡准备工作。此外，以简化留学回国人员办事程序为例，教育部从 2020 年 11 月 1 日起正式取消实行了近 15 年的《留学回国人员证明》，这一程序的简化，为留学生回国就业提供了极大便利。事实证明，党和国家强化系列留学政策和积极引导留学生学成归国就业取得了明显成效，留学生回国人数正在逐年攀升。2022 年 9 月 6 日，教育部举行“教育这十年”“1+1”系列发布采访活动的第十一场新闻发布会，教育部国际合作与交流司司长刘锦在介绍教育国际合作交流总体情况时透露，改革促开放力度不断加大，内生原动力更足了。深化“放管服”改革，以信息化手段支撑全链条留学服务体系，助力更多海外留学人员归国就业。

二、留学生思想教育的时代走向

2013 年 10 月，习近平总书记明确提出了“支持留学、鼓励回国、来去自由、发挥作用”① 的新时期留学教育工作方针。在新时期留学教育工作方针的指导下，留学教育工作取得了显著成就，留学生思想教育也呈现出新的时代特征。

一是行前培训工作逐步流程化，将自费出国留学生列为培训对象之一。中国留学服务中心是中国赴海外留学生行前培训的提出单位和组织单位。该留学服务中心于 2007 年开始，先后与西安外国语大学等十余所高校合作，共同建立了出国留学培训基地。并且，从 2009 年正式对中国赴海外留学生开展行前培训工作，该培训工作属于公益性质，但是工作模式还处于初步探索阶段。直到 2012 年，在教育部国际交流与合作司的领导以及财务司的支持下，行前培训为更大程度地满足留学生需求，根据中国赴海外公派留学人员在海外不同时期面对的现实难题，开始优化行前教育内容，简化行前教育流程和时间等。之后，随着自费出国的留学生群体不断壮大，中国留学服务中心于 2013 年第一次将行前培训对象的范围由国家公派留学人员扩展为包括自费留学人员在内的中国赴海外留学生。例如，2013 年郑州大学协办留学行前培训会，不仅有相当一部分数量的公派留学生参加，还有十多家民间留学中介以及三百多名自费留学生。可以说，此次留学教育行前培训，为留学生行前教育培训在培训对象层面打开了新局面。虽然之后的行前培训活动都有针对自费留学生的专场活动，但就中国留学服务中心每一年度主办的行前培训来看，自费留学生参与度和关注度远远不及公派留学生。此外，随着自费留学人员数量激增，自费留学群体中呈现出明显的低龄化特征。“2014 年出国留学行前培训会”首次界定了“低龄化”标准。教育部留学服务中心副主任车伟民在本届培训会接受环球留学记者专访时，首

① 习近平．在欧美同学会成立 100 周年庆祝大会上的讲话［N］．人民日报，2013-10-22（2）．

次就留学“低龄化”问题做出论断，他认为留学“低龄化”问题是一个相对概念，因为“低龄化”是相对于5年前或者10年前出国人员的年龄而产生的相对概念。目前，我们出国留学人员的主体是18岁以上人员，18岁在生物年龄维度已经是一个成年人，因此该留学主体构不成低龄化问题，只有16岁以下的学生到国外去读中学、读小学，才是真正的“低龄化”。低龄留学群体在全国赴海外留学人员中只占非常小的一部分，所以本书在兼顾全部年龄段留学人员的基础上主要侧重讨论留学主体人群，即以大学生群体为主的中国赴海外留学生。之所以在此区分“低龄化”范畴，是为了行前培训尽可能兼顾留学生群体的多层次问题。再就是行前培训的内容方面，逐渐向“安全”教育靠拢。2015年中国留学服务中心开展“平安留学”行前培训，并利用第20届中国国际教育巡回展的契机，协同多种方式大力宣传“平安留学、健康留学、文明留学、成功留学”理念。本次培训中，教育部留学服中心主任孙建明在接受中央电视台《今日说法》栏目采访时向广大留学人员提出了关于留学“四个意识”（荣誉意识、平安意识、学习意识、交流意识）的建议，并分享《“平安留学”法则二十条》，旨在将安全防范意识传达给每一位留学生，倡导中国赴海外留学生在保证人身安全的基础上顺利完成学业、平安回到祖国。这是国内第一次带有鲜明主题的行前培训，由此奠定和形成了之后行前培训的主题。从2015年至今，行前培训都在围绕“平安留学”这一主题展开。不难看出，确定行前培训主题虽然一定程度上提升了留学生教育的专业化水平，将行前培训的内容扩展为拟出国留学生需要的安全知识、语言技能、文化习俗等，但也导致后续行前培训内容趋于刻板化。例如，反复强调安全问题忽视思想问题，重视实践演示安全留学的同时将思想教育培训逐渐推向边缘化。不过，撇开留学行前培训内容的片面化，相对来讲，这一时期行前教育培训工作还是取得了较大成就。不仅为广大留学人员提供了日趋专业化的服务，还形成了以公派留学人员为主导、自费留学人员为主流的新时期留学教育工作格局，中国留学教育行前培训工作也因此不断趋向专业化和科学化。

二是借助新兴技术手段，与时俱进创新活动方式。为进一步聚焦国家建设需求、巩固留学服务战线、对接留学生现实需求以及强化留学人员管理水平与质量，党和国家对留学生教育的关注方式随着时代发展不断与时俱进。例如，2022 年教育部“平安留学”培训（山东大学专场）采用国家智慧教育公共服务平台、国家留学人员综合服务平台联合打造的“平安留学”自主培训系统，广大留学人员可以通过视频系统在线获取行前培训相关内容。2019 年留学服务中心组织开展“平安留学”行前培训工作时，根据留学生受众群体的特征变化，结合信息技术广泛运用于社会生活的基本现状，创新性启用网络管理平台，通过国家留学网和国家公派留学管理信息平台发布培训信息，拟出国留学人员可以在网络平台自行选择时间进行培训。培训方式的及时更新，不仅有效简化了以往留学服务中心相关行前培训的烦琐工作，而且为广大赴海外留学生及时获取需要的留学信息以及培训内容提供了很大方便。2020 年，新冠疫情的暴发给留学生教育管理工作以及留学生海外学习造成了极大困难，为及时应对形势变化，在困难时期为中国赴海外留学生提供必要的帮助和服务，2020 年 7 月“非洲教师在线和远程学习课程”（由刘芮希所在研究所、联合国教科文组织教育信息技术研究所和国际农村教育研究与培训中心共同发起，经北京师范大学智慧学习研究院和国家开放大学协同设计和开发）正式上线，这为受疫情防控期间关闭学校影响的非洲教师提供了及时的远程教学支持。此外，鉴于疫情给留学生们带来的实际影响，苏州大学出国留学培训基地语言教学培训中心同样利用网络平台，将教学、作业包括批改等教学活动通过网络直播的形式展现给大家，既有效利用了教学资源，又丰富了假期生活，在寓教于乐中不断进步。不仅如此，考虑疫情给中国赴海外留学生造成的艰难处境，也为了丰富留学生被疫情困住的特殊假期生活，体现国家对留学人员的关心和惦念，由中国留学服务中心联合中国银行、体育局以及象棋围棋协会，由央视网以及中国驻外使领馆教育处等多部门共同支持的“平安留学伴你行”活动于 2020 年正式启动。该系列活动包含“留学那些事儿”征文大赛、“留学不一 young”微视频大赛和“留学有棋迹”棋类联谊赛三大赛事，活动采取线上进行的方式，每项比赛结合留学生群体特点，为留学生们准备了特定惊喜。例如，“留学有棋迹”棋类比赛充分发挥网络象棋比赛的积极作用，让海外留学生尽享对弈之乐，“留学不一 young”微视频大赛邀请到出国留学生代表同时也是当前歌坛新秀和备受年轻人喜爱的音乐人周深作为该项活动的启动人，吸引了众多留学生踊跃参与，为 2020 年特殊的留学生活增添了新鲜体验感。总之，类似举措为留学生在枯燥迷茫的疫情防控期间提供了可供依靠的力量，对于缓解特殊形势下留学生的焦灼心理状态、增强留学生的心理归属感、引导留学生及时调整好学业和生活发挥了重要作用。

需要明确的是，中国留学服务中心作为对接留学生工作的官方机构，近几年对留学生的思想教育关注度确实有所提升，并且研发了多种培训项目，关注对象也由公派留学生逐渐倾向自费留学生。但总体来看，目前对中国赴海外留学生的思想关注尤其是思想教育工作，仍有很长的一段路要走。一方面，虽然中国留学服务中心对公派留学生的行前培训涉及思想教育环节，但多采用讲座式灌输和说教，缺乏融入教育和长期关注；另一方面，中国留学服务中心对自费出国留学生的行前培训虽有关注，但多是行前语言培训和专业课程预习，留学中介提供的相关服务也多集中于语言培训和手续接洽，并无思想和心理方面的关注。同时，国家没有设定一个专业部门或者工作队伍专项负责留学生思想教育问题。留学人员数量庞大而又层次复杂，这样一个社会特殊群体，却没有与之相对应的思想教育方案，不得不说是一个体制缺憾，问题丛生也就不足为奇。因此，鉴于当前中国赴海外留学生思想教育缺失及留学生群体接连出现的各种问题，关注留学生思想和心理变化，并对其展开全面分析，提出及时有效的留学生思想教育方案，成为新时代教育改革的重要任务。这一任务导向既可以有效规范海外留学生言行，增强其国家归属感、民族认同感、时代使命感，进而为实现中国梦积蓄后备人才力量；又能够激发思想政治教育研究不断与时俱进、实现新发展，达成思想政治教育真正落脚实践、关注民生导向、回应现实需求、解决实际问题的教育使命。

第四章

中国赴海外留学生的思想状况分析

中国赴海外留学生是国家形象的代言人，在树立国家形象、增进国际交流、维护国家利益等方面发挥重要作用。总体上，他们具有强烈的爱国主义意识，能够把个人前途与国家命运联系在一起。但受个体成长经历、海内外复杂环境以及多元价值观等多重因素影响，部分中国赴海外留学生的价值观念变化不定，一些不端行为屡禁不止，甚至出现有辱国家形象的异常行为，这损害了国家形象与利益，在国内外造成了恶劣影响。基于该背景并以问题为导向，通过访谈调查充分了解并挖掘中国赴海外留学生群体的思想状况，探明该群体的现实需要和实际困扰。通过分析影响因素，挖掘问题本质，并据此寻求与该群体相契合的思想教育切入点，最终提出有效规范中国赴海外留学生言行的对策建议。这在一定程度上有助于规范中国赴海外留学生的言行，使其自觉抵制资本主义腐朽意识形态和价值观念的侵蚀与渗透，增强自身的国家认同感。

第一节　留学生思想状况调查的多元视角

开展中国赴海外留学生思想状况调查，以个人访谈为基础方式，收集第一手访谈数据资料作为分析材料，这是本调查的主要目的。基于中国赴海外留学生群体及其思想状况多元复杂的实际情况，根据思想政治教育学科的主要内容、目的和任务以及留学生群体精神世界发展的需要，调查研究将从留学生的世界观、政治观、人生观、法治观和道德观五方面展开探讨，由此多维度地、系统全面地考察留学生的思想状况。

一、世界观考察

习近平同志曾在中央党校秋季学期开学典礼上的讲话中强调："世界观是人们关于世界的总体的和根本的看法，决定着人生追求与价值取向，指导和支配着理想信念、思想境界、道德操守与行为准则，具有'总开关'、'总闸门'的作用。"① 马克思主义世界观，即辩证唯物主义和历史唯物主义相统一的世界观，是唯一正确的世界观，也是无产阶级的世界观。这个世界观是人类历史文化发展的产物，是以实践范畴为核心的完整的科学体系。一直以来，在马克思主义科学世界观和方法论的指导下，我们找到了革命、建设、改革的正确道路，并发展成为成熟的无产阶级政党。中国特色社会主义新时代，在朝着实现中华民族伟大复兴这一宏伟目标奋勇前进的过程中，每个人都应该掌握马克思主义科学世界观。因此，本书在设计访谈方案之前，把中国赴海外留学生的世界观作为我们要考察的第一个问题。

一方面，坚持正确的世界观和方法论有助于留学生学会用正确观点和科学方法透过纷繁复杂的事物表象看到问题实质。大多数留学生都具有自我意识强烈、追求个性和自我表现的共性，考虑问题侧重于自我满足和追求现实利益。加之国内外体制差异、中西方多元文化的激烈碰撞

① 习近平．领导干部要树立正确的世界观权力观事业观［J］．中国党政干部论坛，2010（9）：3.

以及资讯的高度发达，这些因素将直接影响留学生对世界的认知态度、评价标准和基本立场。因此，对中国赴海外留学生群体而言，只有树立了正确的世界观，才能在境外不同国家、地区及其经济文化的复杂环境中保持清醒与坚定；才能在抵御资本主义腐朽思想文化的侵蚀过程中坚持具体问题具体分析的方法论；才能正确认识人类社会历史及其发展趋势；才能用辩证的思维清醒认识世情、国情、党情的变与不变，才能做到是非分明、立场鲜明，始终坚定中国特色社会主义的道路自信、理论自信、制度自信和文化自信。

另一方面，世界观教育是中国赴海外留学生思想教育的重要内容。身处境外复杂环境之中，中国留学生面临着较之国内更为严峻的西方意识形态渗透，因而思想状态很容易受到影响。所以，我们有必要牢牢把握留学生思想发展的规律，抓住留学生世界观教育契机，加强留学生思想教育工作。中国赴海外留学生世界观教育的核心任务是引导留学生树立马克思主义科学世界观，其本质在于坚持用辩证唯物主义和历史唯物主义的观点来指导留学生精神世界的构建与塑造，帮助留学生掌握认知诸多错误社会思潮和应对纷繁复杂现实问题的利器。思想教育是留学生世界观教育培根铸魂的主渠道，关注留学生世界观状态并将世界观教育融入留学生思想教育工作中，有利于引导广大留学生自觉运用马克思主义立场、观点和方法观察问题、分析问题，从而坚定正确政治方向，不断成长为可以担当民族复兴大任的时代新人。

二、政治观考察

政治观是政治观点、政治立场的总称，是政治认知、政治情感与政治评价的有机统一。其中，政治认知是指人们对政治体系、角色、现行政策以及政治的输入输出所具有的认识或知识；政治情感是指人们对于政治体系、角色以及政府政策怀有的情感，如好恶、愤怒、耻辱等；政治评价则主要是对政治体系、角色以及政府决策做出的价值判断以及相应的价值标准。① 人是一切社会关系的总和，每一个人都不可能脱离社会而存在，也不可能脱离政治而存在。人们在阶级社会中生活，对社会制度、政治派别、政治局势的变动总要表现出一定态度，这就是政治观。政治观是鉴别每个人政治表现的主要依据，政治观标准又是衡量一个人的政治觉悟和政治思想水平差异的尺度。在一定程度上，政治观表现为政治立场，保障于政治站位，集中体现为政治教育的情感与意志部分，位居思想道德体系之中。对中国赴海外留学生而言，政治观是其价值观在政治领域的表现，是留学生对政治生活的价值判断与行为倾向。政治观作为政治价值评价标准，对其加以考察，可以更为全面地把握留学生的思想状态，有效激发留学生内在的政治情感与政治意志，更具针对性地引导和规范留学生的思想与言行。

中国赴海外留学生是中国青年中的优秀群体，是我国社会主义现代化建设的主力军。他们身处国外复杂的政治和社会环境中，对其进行政治观教育并引导其形成正确的政治观是留学生思想教育工作的重要内容。在当代中国，正确的政治观表现为热爱祖国、拥护四项基本原则、立志为社会主义事业服务三方面。习近平总书记在庆祝中国共产党成立100周年大会上的讲话中指出："一百年前，一群新青年高举马克思主义思想火炬，在风雨如晦的中国苦苦探寻民族复兴的前途。一百年来，在中国共产党的旗帜下，一代代中国青年把青春奋斗融入党和人民事业，成为实现中华民族伟大复兴的先锋力量。"② 中国共产党是具有独

① 李砚忠，卞恺甜．新冠肺炎疫情下高校大学生政治信任状况分析研究［J］．北京城市学院学报，2021（1）：43.

② 习近平．在庆祝中国共产党成立100周年大会上的讲话［N］．人民日报，2021-07-02（2）.

特优势的马克思主义政党，始终以马克思主义为指导思想和行动指南。中国共产党领导的马克思主义中国化就是以马克思主义为指导思想，在复杂的国际浪潮中开辟出的一条具有中国特色的社会主义道路。通过中国赴海外留学生思想教育，关照留学生政治观培育，能够帮助留学生深入理解中国特色社会主义基本国情，全面认识社会主义初级阶段的科学含义、基本特征及其发展的长期性；帮助留学生理解和把握党的基本理论、基本路线、基本纲领、基本经验的内容和精神实质，坚定坚持党的基本理论、基本路线、基本纲领、基本经验的信念和决心；帮助留学生理解并践行以爱国主义为核心的民族精神和以改革创新为核心的时代精神，自觉加入实现中华民族复兴伟业的行列中。只有如此，在海外学习过程中，留学生面对外来质疑、挑衅甚至是威胁时，才能避免坐而论道，从而更有底气、更加自信地坚持马克思主义指导思想不动摇，坚决维护祖国尊严，坚决同各种消极、错误思想观念和反对声音做斗争，以实际行动破除“中国威胁论”①，推进国际传播能力建设，向国际友人展现一个更真实、立体、全面的中国。

三、人生观考察

人生观，是人在参与社会实践过程中形成的对于人生价值、意义和个人立身处世态度的根本看法或见解，它决定着人生道路的方向，同时也决定着人们行为选择的价值取向和对待生活的方式。人的生命过程不同于其他生物的生命过程，因为人不仅需要满足作为生物的自然物质需求，同时还需要满足作为人的社会精神需求。一个人能达到怎样的成就，很大程度上取决于我们用什么样的人生观来引导自己的人生。因

---

① 宋伶俐．人类命运共同体视域中大学生政治价值观认同研究［J］．学校党建与思想教育，2021（6）：58.

此，树立正确的人生观，学会科学看待人生这个根本问题，是中国赴海外留学生规划正确人生之路的必要前提。一个人的人生观在不同时期会因为不同经历和外部环境的变化发生相应改变。但无论顺境还是逆境，要坚信一切经历都是我们从人生这场旅行中收获的宝贵财富。只有树立正确的人生观，用辩证的眼光认识人生矛盾，以科学的态度对待人生境遇，我们才能明辨是非、积极进取、从容不迫地走好人生路，实现精彩又充满意义的人生。综上所述，考察中国赴海外留学生的人生观，有利于根据留学生的海外生活状态和人生态度，推论其基本价值取向和心理倾向，进而为更好地把握留学生思想状况提供全面而又可靠的数据资料支撑。

具体来讲，人生观的主要内容包括人生目的、人生态度和人生价值。人生目的回答了人为什么要活着，人生态度回答了人应该怎样活着，人生价值回答了怎样的人生才有意义，三者相互联系、相辅相成，成为一个有机整体。首先，人生目的是人生观的核心，决定了一个人的人生态度以及价值标准。持有正确人生目的的留学生在海外学习生活中能够认真务实、乐观进取；反之，错误的人生目的会使主体投机钻营、悲观消沉。其次，人生态度是指人们通过生活实践形成的对人生问题的一种稳定的心理倾向和基本意愿。人生态度呈现为心理状态，而心理状态直接影响留学生在海外的行为活动是否正常、合序。出国留学，学生的心态会发生变化，甚至是剧烈的变化；若无法正确解决，有可能让学生在逆境中崩溃。① 也就是说，当留学生的心理处于失序状态而通过自身又不能加以调节和改变时，如若没有外力如思想教育的介入帮助，留学生就有可能在失序的心理状态中走向崩溃。所以，用不同的人生态度

---

① 温哥华公立教育联盟．加国留学那些事儿［M］．上海：上海交通大学出版社，2018：89.

去面对生活中的各种问题，会相对应地呈现为不同的心理状态，更会对人生的发展道路与方向产生不同影响。因此，应当引导留学生树立认真、务实、乐观、进取、正确的人生态度，从而在人生前进的道路上乘风破浪、披荆斩棘，不断开拓人生新境界。最后，人生价值是一个人的一生对自我、他人和社会所具有的意义和作用。[①] 人生价值在人生观中居于核心地位，为人生目的与人生态度提供根本依据和尺度。一个人只有对自己的人生价值做出正确的判断和选择，才能够坚定追求自己的人生目的，毫不动摇地秉持自己的人生态度。以时代楷模黄大年为例，2009 年，黄大年放弃剑桥之畔处于巅峰的事业，以身许国、无怨无悔，用毕生奋斗回答了人生的价值坐标应当如何定位。如今，中国特色社会主义伟大事业的不断推进，需要更多像黄大年一样的时代楷模。总之，加强留学生的人生观考察，有助于了解留学生的人生价值取向，进而通过价值观教育，帮助留学生正确处理个人和社会的关系，确立正确价值目标，正确评价人生价值，坚决抵制海外腐朽思想文化影响，在实践奋斗中努力实现人生价值。

四、法治观考察

遵守法律是每一位中国公民的法定义务。对中国公民而言，尤其是中国赴海外留学生，形成良好的法律意识，积极学习法律、充分相信法律、严格遵守法律以及自觉运用法律，既能够掌握保护自身安全的有力武器，又能够切实维护国家安全利益。所以，在访谈提纲的设计过程中，笔者通过资料分析，结合中国留学生在海外可能面临的安全问题以及可能遇到的棘手问题，从留学生人身安全与国家安全两个角度出发，

---

① 陈万柏，张耀灿．思想政治教育学原理［M］．3 版．北京：高等教育出版社，2015：187.

对留学生的法治观加以考察。

一是留学生的人身安全问题。确保中国赴海外留学生的人身安全是保障留学生海外学习生活稳定有序的必要条件。毕竟，留学生所处的海外环境与国内差别很大。一方面，复杂的海外留学环境给保障留学生人身安全带来了更多的不确定性。西方发达国家是中国留学生的主要选择，但西方发达国家的开放性潜藏着诸多安全隐患，如多种族人群混居、某些国家国民枪械持有合法化以及毒品交易寻常化等。另一方面，留学生自身法治安全素养直接影响着留学生的人身安全系数。随着自费留学在大众间的认可度提升，越来越多的人选择申请自费留学。但自费留学往往缺乏系统的行前安全培训，加之欠缺法治安全素养，缺乏社会经验，自我保护意识模糊，稍有不慎，就会误入歧途或遭受不测。虽然教育部平安留学会定期组织“平安留学”行前培训，旨在提高我国赴海外留学生的安全意识，加强防范能力，保护好自身安全，但是，提升法治安全素养并不能通过一场简单的行前培训活动速成。中国留学生安全通报数据就是最好的证明，教育部平安留学每月都会发布 3 至 5 次中国留学生最新安全通报，电信诈骗、兼职诈骗、租房合约诈骗、外汇兑换诈骗以及恐怖袭击等问题层出不穷。很显然，留学生“安全意识欠缺，居住、出行、交友等方面都缺乏警惕，一旦出现事故就显得自我保护能力不足”①。

二是国家安全角度。维护国家安全、保守国家秘密是每一个中国公民的责任，亦是每一个公民应尽的基本义务。但不乏个别留学生为了一时之利做出极端选择，为一己之私而出卖祖国的行为一旦发生，对祖国造成的损害是极其严重的。身为佼佼者的留学生经过海外深造后，是回

① 宋可．中国海外留学生安全保护问题研究［J］．齐齐哈尔大学学报（哲学社会科学版），2017（3）：165.

国报效祖国还是给他国的科研事业添砖加瓦，更或是为眼前利益而出卖国家，这其中涉及的损害国家利益、泄露国家机密、人才流失等诸多问题，都值得我们认真思考和着重考察。总之，中国赴海外留学生必须具备较高的思想政治素质与法治素养；必须明白自己不仅仅是一个个体，同时也代表国家形象；必须明白自己身上所肩负的责任，自觉担负起应承担的责任和义务；必须做到对危害国家安全的行为一经发现及时告发，切实履行不得非法持有、使用专用间谍器材的义务以及不得非法持有国家秘密文件、资料和其他物品的义务；必须时刻牢记没有任何东西比国家利益更重要，积极守护与践行作为中华儿女的每一项责任和义务。

五、道德观考察

人无德不立，国无德不兴。道德对于个人、社会、国家而言都具有根本意义，“德才兼备，以德为先”更是我们人才选拔的标准。“修德，既要立意高远，又要立足平实。要立志报效祖国、服务人民，这是大德，养大德者方可成大业。同时，还得从做好小事、管好小节开始起步”①，正如习近平总书记在同北京大学师生座谈时所讲：“一个人只有明大德、守公德、严私德，其才方能用得其所”。这里涉及一个人的私德与公德问题。人人独善其身者谓之私德，人人相善其群者谓之公德。然人群之所以为群，国家之所以为国，皆赖公德。道德观作为个人道德意识和道德水平的统一体，更是集中表现为个人处理与他人、集体和社会的关系的准则，也就是个人的公德水平。因此，对中国赴海外留学生进行道德观考察，既要关注其个人基本道德素质，更要关注其公德水

① 习近平．青年要自觉践行社会主义核心价值观：在北京大学师生座谈会上的讲话［N］．人民日报，2014-05-05（2）．

平，尤其是社会公德和职业道德，同时还要兼顾其基本道德规范在留学期间的稳定或者变化状况。

具体来讲，考察留学生道德观主要表现为三个方面。首先是社会公德。人是社会中的人，公共生活构成了人们生活的基础部分。公共生活中，人们不可避免地与他人产生联系。树立正确道德观，遵守社会道德规范，培养高尚的个人品格，处理好自己与他人的关系，这是建设和谐社会的必要条件。其次是职业道德。职业是指以社会分工为基础，以市场需求和科学技术为主要动力，从事某个专门领域的社会实践。职业生活是人们参与社会活动的特定方式和获得一定社会资源的重要途径。从事某种或某几种职业是留学生求学生涯过后即将经历的生活常态。职业生活的顺利进行离不开职业道德规范的制约作用，职业道德规范是实现社会稳定和发展的重要保障。最后，关于道德观变化程度的考察。不同意识形态和文化氛围影响下的道德认知倾向也会呈现出一定差异。比如西方资本主义社会的道德，本质上宣扬的是利己主义的思想，强调个性自由，推行个人主义和功利主义，提倡在实现个人利益最大化的基础上促进社会利益的增长。我国社会主义道德规范的原则是集体主义，要求人们做事应更多地从社会和集体利益出发，必要时牺牲个人利益。两种道德观碰撞带来的变化，取决于留学生原有道德观的坚定程度。总之，中国赴海外留学生群体是中国人才储备库的重要组成部分，考察中国赴海外留学生的道德观完备程度，既能够探知留学生的基础思想水平，又能够及时发现问题，为中国赴海外留学生思想教育工作找到切入点。

第二节　留学生思想状况的问题表征

本书以世界观、政治观、人生观、法治观、道德观作为调查的核心主题，通过访谈和案例分析等方式采集数据、获取材料。鉴于研究对象的特殊性，本书访谈采取面谈、电话访谈和网络访谈等交流形式。访谈围绕核心主题展开，选取了200位中国赴海外留学生，其中男女比例为1∶1，男生100人、女生100人；高中及高中以下学历有41人，研究生（包含博士研究生）学历140人；公费留学83人，自费留学117人；政治面貌为中共党员（含预备党员）的有51人，其他政治面貌（含共青团员和群众）149人；截至2020年8月，有48人（约73%为公费留学生）已学成回国，113人毕业后有回国意向，未毕业且在是否回国之间徘徊的有26人，确定不回国就业的有13人（均为自费留学生）。

访谈所得内容，是本书的第一手资料来源和事实依据。但访谈过程中，留学生的真实想法可能存在被隐瞒的风险。所以，为保证本书访谈所得材料的真实性和准确性，笔者尽可能规避访谈常量因素的影响，力求在多个时间点、针对不同特征的留学生、兼顾留学生出国前所在地区差异以及所在高校层次的区别，尽可能全面考虑不同留学国家留学生的不同状况，多渠道、全方位地选取访谈对象获取访谈资料。访谈全程录音，每名访谈对象访谈时长约35分钟，且辅之以图片截取或音频保存的形式。在访谈时间与访谈地点选择方面，一是本书有相对比较充裕的访谈调研时间（为期一年半），访谈时间跨度为2019年3月至2020年8月，二是访谈地点多样，包括教室、图书馆、咖啡厅以及线上远程等。在选取访谈对象出国前所在学校时，分别涉及了985大学、211大学、普通全日制本科以及初高中（低龄留学）等国内不同水平的学校，涵盖理工类、师范类以及综合类等多种专业类型。在选取访谈对象政治面貌与学历水平方面，兼顾中共党员、共青团员、群众等不同政治面貌的留学生人群，并按层次对学历水平加以分类。关于留学时长的选择，200位访谈者的留学时长从半年到六年不等，约占总数84%的受访者留学时长在一年以上。关于访谈对象出国前所在地区以及留学国家或留学地区的选取，被访谈者分布于黑龙江、吉林、辽宁、内蒙古、河北、山东、北京、天津、上海、山西、安徽、江苏、浙江、云南、四川、湖南、广西等多个省区市，访谈对象留学国家包含美国、泰国、澳大利亚、俄罗斯、韩国、日本、加拿大、意大利、德国、英国、荷兰、比利时等留学国家。考虑学科背景会对留学生的留学体验、留学选择以及回国意向等方面产生或多或少的影响，本次访谈选取的留学生学科背景力求在人文社会科学和自然社会科学的分布上趋于均衡。并且，访谈之前笔者与受访者有一个前期的了解、接触和熟悉，彼此之间有一定的信任基础，访谈提纲列有保密规定，承诺不会对受访者的私密信息加以公开，所以访谈时有更多探求细致和具体信息的可能。同时，访谈提纲尽可能设计开放性问题，直观把握受访者的主观感受，通过探讨开放性问题，捕捉更为丰富完整而又具体的信息。此外，根据不同访谈者的具体状况不断完善提纲，尽可能探知更为贴近受访者的基本信息，验证其内在逻辑的真实性，使之更具科学性、客观性和说服力。最后，本书以定性研究为基础、以定量研究为手段，从大量一手访谈资料转录文本入手，采用质性研究法，将扎根理论运用到访谈研究中，结合思想政治教育的主要内容，寻找中国赴海外留学生思想素养方面存在的主要问题，进而通过获取核心概念建构联系、分类问题并解析成因。

访谈显示，目前中国赴海外留学生思想状况整体上呈现积极向上的态势。约九成受访者明确表示留学之后更加爱国，尤其是新冠疫情暴发以来，留学生与祖国同命运、共荣辱的情感更加强烈。他们一方面因海外关于中国疫情状况的污蔑言论而备受歧视，另一方面又为祖国强有力的疫情防控举措以及所取得的抗疫成就感到无比自豪。超八成受访者学成归国意愿强烈，其中一些受访者认为出国留学并非独善其身，实现学习图强的社会价值也是求学的意义所在。总之，从访谈数据分析结果来看，大部分中国赴海外留学生的国家荣誉感、民族归属感以及社会主义核心价值观认同感比较强烈，在国外遇到敏感事件时行为基本保持理性，并且愿意主动展示中国的精彩形象以及宣传中华优秀传统文化。但调研结果也显示，由于国内外意识形态存在差异，中国赴海外留学生因跨文化适应、语言障碍、心理因素等影响，在思想层面呈现出各种各样的问题。同时，结合案例分析可知，近几年不断有新闻曝出类似中国赴海外留学人员言行辱没祖国的恶性事件。通常来讲，一个人的思想状态对其行为状态具有决定作用。所以，中国赴海外留学生的思想问题不仅关系留学人员自身发展的需要，更关系我国国际形象、核心利益与人才战略的需要。因此，结合访谈结果，掌握留学生言行背后所折射出的诸多问题，分析和提炼该群体面临的主要思想问题，发掘问题本质并提出相关规制路径已是迫在眉睫。但需要明确的是，由于本书采集的访谈数据量有限，所以留学生还可能存在其他细微方面的思想问题。关于这一点，在后续的研究中将会进一步跟踪调查和访谈，加大数据采集并尝试采用其他数据分析软件进行研究和检验。就本书来讲，中国赴海外留学生的思想问题主要体现为趋于感性的爱国言行、参差不齐的文化认同、相对保守的政治态度、孤独失序的心理状态以及较为薄弱的法治素养等五方面，这五方面与笔者在原始访谈资料中提取的留学生出国后面临的棘手问题相吻合，如图 4-1 所示。这在一定程度上说明了思想政治问题是关乎中国赴海外留学生留学状态的关键问题，是中国赴海外留学生迫切需要解决的问题，反映了中国赴海外留学生的现实需求。

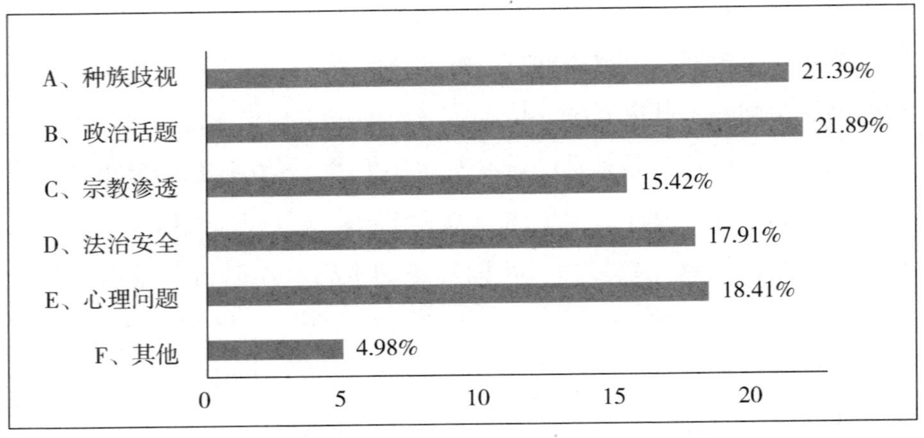

图 4-1　受访留学生出国后面临的棘手问题

一、趋于感性的爱国言行

爱国是一个人情感、认知、意志和行为的综合呈现，其价值评价形式呈现为爱国主义。任何价值观的选择都需要发自内心的认同与接受，爱国主义作为衡量思想价值观念变化的首要因素，不仅是系统价值体系的呈现，更是一种融于血液的情怀。爱国主义是一个人认识和处理国家问题时所持的立场和所抱的态度，体现了人们对自己祖国的深厚感情，反映了个人对祖国的依存关系，是人们对自己故土家园、种族和文化的归属感、认同感、尊严感与荣誉感的统一，① 体现的是每一个中华儿女对祖国的责任。这种责任既是社会发展的客观要求，也是每个人实现自

① 思想道德修养与法律基础［M］. 2015 年修订版 . 北京：高等教育出版社，2015：44.

身发展的必然需要。公民之于国家，就像人之于父母，有着天然的连接与归属关系。所以，爱国主义作为中华民族精神的内核，表现为一个公民面对祖国受到威胁时本能的强烈情感抒发。也正是因为全体公民都有着坚定的国家认同感与责任感，中华民族才会紧紧团结，形成共御外侮的强大凝聚力。

爱国情感作为一种本能的强烈情感抒发，难免有人出于一腔热血，失去理性，做出一些过激举动。例如，2020 年疫情防控期间，一则"纽约唐人街被'爱国豪车'炸街!"的报道引起争议，爱国豪车秀的相关短视频也在纽约华人微信群被接连转发。短视频显示，一长排的豪车聚集在纽约唐人街，"中国加油"字样贴于车头。并且，类似海外豪车串街爱国事件不止一次发生。当然，我们并不否认此类爱国表达方式的出发点是好的，但爱国情感和其行为应当有所区别，注意分寸。爱国方式有很多种，自新冠疫情暴发以来，广大海外留学人员心系祖国，以各种合理方式关心和支持国内抗疫斗争，如积极筹募物资、远程视频加油等，我们对此深受感动，也深感自豪。所以，豪车秀不是爱国的标配。相比较而言，诸如炫豪车之类的偏向感性和冲动的不当表达方式也不应该成为留学生表达爱国情感的合理途径。并且，这样的表达方式很可能会在某种程度上加剧国际舆论对于中国以及中国国民的负面认知和判断。总之，爱国不仅是简单的情感表达和认知，更应当是一种理性的行为，不论是现实活动还是网络行为，都要讲原则、守法律，以合理合法的方式进行。因此，我们在肯定中国海外留学生拥护国家利益这一真切情感的同时，对于部分中国海外留学人员宣示强烈爱国之情的方式选择、行为表达等方面存在的问题，需要进一步加强重视并寻求正确引导的途径。

二、参差不齐的文化认同

成功的留学从来都不是单纯地走出国门融于国外，而是能够真正理性看待国外的多元文化和价值观念，不卑不亢地实现跨文化过渡。由于文化的差异性，当在甲类文化中完成了社会化的人进入与之不同的、异质的乙类文化时，原来的社会化成果在一些重要领域都不适用。在这种情况下，进入异质文化的人们必须重新学习新的价值观和行为规范以适应生活，这也是再社会化。① 中国赴海外留学生脱离本土文化视域，来到异域文化氛围中，必然面临再社会化阶段。在这一阶段中，中国赴海外留学生要形成关于所在留学国家的文化、法律、体制、信仰等方面的认识，并在留学过程中习惯与不同文化背景的人展开人际交往，甚至会在这一阶段完成未来人生的相关规划。总之，文化认同是每一位留学生都要面对的事情，中国学生赴海外留学的过程，注定是一个意识形态发生激烈碰撞的过程。访谈结果同样显示，有近八成的受访留学生在出国前最担心留学国的文化差异问题（如图 4-2 所示），有超过一半的受访留学生表示留学期间经常遇到的典型事件是文化冲突事件（如图 4-3 所示）。

在跨文化认同问题上，部分留学生既能够理解和认同某些正向的国外文化价值，又能够守住本心、坚定中华优秀传统文化自信。并且，在提升中国文化国际影响力方面，大部分留学生或多或少有主动宣传中国文化的行为。比如编号 S34 的受访者表示："我会给国际友人准备小礼物，端午节期间，我就准备了小红绳，给他们讲端午节的由来和习俗。然后对比国外一些节日的不同习俗，讲一讲咱们国家的传统文化，在这

① 王思斌．社会学教程［M］．北京：北京大学出版社，2003：73.

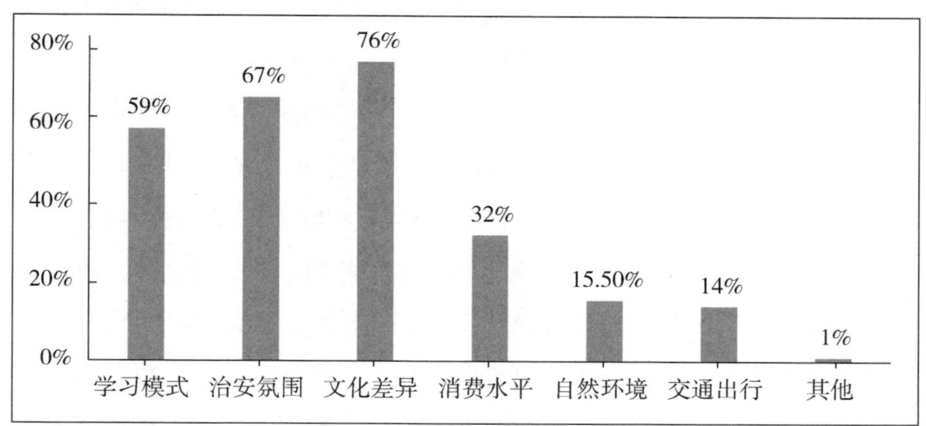

图 4-2　受访留学生出国留学前的焦虑主题

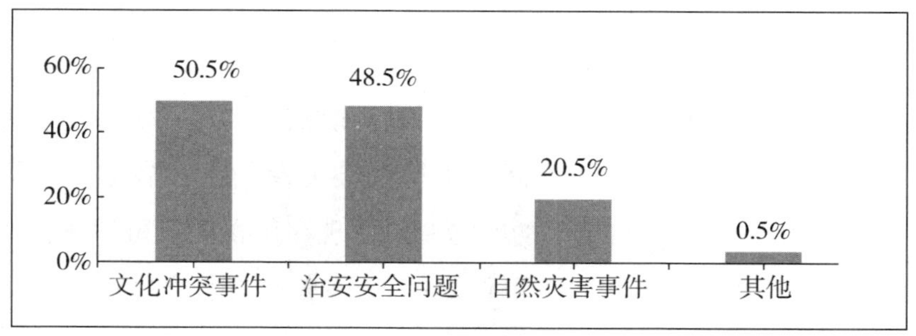

图 4-3　受访留学生留学期间经常遇到的典型事件

个过程中会涉及一些价值观念输出。还有就是在一起吃饭的时候，不可避免地就会聊到美食。我的国外朋友对中国习俗、美食文化很感兴趣，彼此交流时的愉悦心情大概就是文化自豪感吧，而且我也喜欢这种交流方式，但愿能起到宣传我们国家优秀传统文化的作用。”①

但与此同时，仍有部分留学生的文化认同处于漂浮不定甚至处于完

① 于 2020-06-28 摘自与留学生 S34 的访谈内容。

全西化的边缘。以国内外教育模式为例。编号 S23 的受访者表示："我出国很早，读的美国高中，像我们这种情况认识的国外朋友多，我们是不愿意和新来的留学生做朋友的，不同教育模式教出来的学生是有差别的。"① 对于中国赴海外留学生来讲，留学对个人的价值因人而异，但有一点是共通的，学习是每一位留学生在留学生涯中不可缺少和必须完成的事情。通过受访留学生关于学习状态或者学习模式的描述，可以推断出其言语背后的教育文化认同状态。不难看出，受访者 S23 在亲历中西教育模式的差异后，显示出更趋向于选择国外教育模式。很显然，这是由于缺乏对国内教育体制以及我国国情的全面把握和理性思考，因而对于国内教育模式认知出现片面化。

三、相对保守的政治态度

据访谈资料分析显示，关于政治话题和政治态度问题的节点参考点数分布密集，这说明在访谈期间该关键词被提及的次数较多。具体来讲，关于政治话题和政治态度的问题主要体现在留学国、留学学校对于中国的政治态度和留学生同学群体之间对于彼此国家的政治态度两方面。一是要注意留学学校的政治态度，比如编号为 S1 的受访者表示："在填写留学申请时，会被问到家庭情况、父母工作以及对于一些社会热点时事政治的看法，如果政治倾向与留学学校不一致，那么申请很可能会被拒绝。"② 二是要注意身边同学以及指导老师的政治态度。对于中国赴海外留学生来讲，留学过程中无论是科研学术探讨还是日常生活交流，其导师的政治观点和政治态度是绕不开的方面。当然，我们并没有设定海外留学导师的政治态度正向与否。但是，如果涉及政治问题探

① 于 2020-06-08 摘自与留学生 S23 的访谈内容。

② 于 2019-06-06 摘自与留学生 S1 的访谈内容。

讨，那么其中可能内含的负向价值倾向和选择对于一些不熟知历史的留学生（尤其是低龄留学生群体）产生的负面影响不可小觑。因此，与政治态度相关的问题亟须引起中国赴海外留学生教育尤其是思想教育的高度重视。

与留学生经常遇到的政治话题的热度相比较，部分留学生相对保守的政治态度更需要引起重视。访谈资料显示，当留学期间遇到他人提出损害祖国形象或者污蔑祖国形象的事情，有三成留学生会马上离开话题中心甚至保持沉默，一声不发。其中，以编号为 S51 的受访者为例，在谈到关于这一问题的具体想法时表示："关于政治的话题我认为可以进行善意的提醒，如果你想跟他们去探讨的话，那就要更多地去了解一下他们，比如说美国的党派啊什么的，但不要做深入了解，因为最好还是不要涉及政治。因为涉及政治问题的话，可能会比较复杂，而且政治话题很敏感啊，尤其是在敏感时期，如果解释不清楚的话，可能就会比较尴尬或者被孤立吧，政治话题还是不要参与比较好。"① 受访者 S51 的言论一定程度上代表了部分留学生面对政治话题的态度和想法，但无论是出于担忧政治话题的复杂度，还是出于避免聊天尴尬以及被孤立，可以确定的是这一部分留学生在政治问题面前都选择了自保和利己倾向，表现出一副事不关己、保守处之的姿态。殊不知，每个人都不可能完全脱离政治而存在。每个人来到这个世界，都要在社会中生存，都要获取生存发展的物质条件，都要寻求慰藉心灵的精神家园。这一切首先得之于祖国。国家不仅是小家的依托，还是个人的寄托；不仅是物质利益的依托，更是精神家园的寄托。失去祖国母亲的保护，人们就只能是无家可归的游子；祖国母亲失去安宁，人们就只能是有家畏归的难民。强盛

① 于 2020-01-13 摘自与留学生 S51 的访谈内容。

而稳定的祖国永远是我们个人发展的坚实后盾。但是，习惯了安逸、稳定的生活空间，有些人就会心安理得地享受现有的一切，国家意识旁落，完全忘记了是祖国在背后支撑起一切，是祖国提供给我们赖以生存和发展的一切。总之，我们的生存和发展离不开国家和社会，当面临政治问题时，如果人们坚持私利比立场重要，留学比国家重要，国家怎样与小民无关的漠然政治态度，或者采取忽视甚至抵触的情绪，久而久之，这将瓦解一国的政治制度以及民族的凝聚力。反之，一个人对国家的爱越深切，他的社会责任感就越强烈，政治信念也就越坚定。总之，中国赴海外留学生作为中华儿女的一分子，应始终保有一颗赤子之心，明确人生目的，树立正确政治观，增强政治鉴别力，面对大是大非敢于亮剑，面对歪风邪气敢于斗争，为国家和民族的稳定与发展贡献自己的力量。

四、孤独失序的心理状态

中国赴海外留学生的心理状态是留学生对于留学视域下客观物质世界的主观反映。心理状态是指留学生在留学的不同阶段所表现出的心理活动水平。例如，留学生在出国后既有离开家乡远离朋友的孤独感，又有初到海外的紧张和新鲜感等状态。心理状态是心理活动的表现，而心理活动会外显为主体行为。所以说，心理状态如何直接影响着一个人在海外的行为活动是否正常、合序。出国留学，学生的心态会发生变化，甚至是剧烈的变化；若无法正确解决，有可能让学生在逆境中崩溃。① 当留学生的心理处于失序状态而通过自身又无法加以调节和改变时，如若没有外力如思想政治教育的帮助，那么留学生很可能在失序的心理状

---

① 温哥华公立教育联盟．加国留学那些事儿［M］. 上海：上海交通大学出版社，2018：89.

态中走向崩溃。中国学生赴海外留学后，其心理状态与心理活动有一定的变化过程，在其留学的不同阶段呈现出不同特征。按照心理状态整合过程的不同阶段，将其划分为无序状态、过渡状态和有序状态。就访谈结果来讲，有超过八成的受访者表示在留学期间存在一定的心理过渡期；其余受访者虽然没有明确表达出心理活动，但通过其前后语境依然可以获悉并提取受访者在留学过程中的心理状态。心理状态编码表展现的正是受访者心理状态中较为明显的部分代表案例，有关代表案例的节点详情以及参考范例如表 4-1 所示。

表 4-1 受访留学生心理状态及范例说明

节点	节点参考点数	参考点内容具体范例
无序状态	40	我觉得最重要的还是个人生活和心理上的问题，因为留学生到了国外，朋友圈比较小，所以很容易造成心理上的压抑。周围很多人都有抑郁的征兆，我也知道一些因为抑郁症选择放弃留学直接回国的
过渡状态	64	大概有三个月的时间在调整自己的心态，然后要学会独处吧，我觉得这一点是很重要的，因为在国外的时候，跟外国同学一开始由于各方面比如世界观的差异，可能会有文化隔阂，所以可能会有一段需要独处的时光，这时就要摆正好心态，积极适应
有序状态	56	为了尽快适应莫斯科的环境，我尝试着打开自己，不再只圈在中国人的小圈子里，走出这个圈子，走出这个舒适圈，积极与周围的同学打交道然后多跟外国同学交流，慢慢地融入进去，会加入小组学习，互相借笔记讨论，快乐交际、快乐生活、快乐学习，我现在的状态相比刚来时已经舒服轻松多了

不难看出，赴海外留学后，中国留学生们大多会经历一个心理过渡周期。这一过渡周期的长短取决于留学生个体的心理调节能力，留学生们经过不断的自我心理调整或者通过他人的辅助调整，找到适应新环境

的切入点，将心理状态整合为有序状态，达到新的心理平衡，这就意味着留学生在异域生活完成了顺利过渡。但并不是所有留学生都能顺利完成心态的有序转变。在前文“心理状态”主轴编码下，心理的“无序状态”就是指留学生在留学初期，因各方面的不适应导致心理处于没有秩序的混乱状态。“无序状态”对于中国赴海外留学生的学习和生活会产生严重的负面影响，如受访者 S24 讲道：“到了国外朋友圈比较小，所以很容易造成心理压抑。很多人都有抑郁的征兆，我也知道一些因为抑郁症选择放弃留学的。”① 显然，初到国外，大多数留学生都会处于一种孤独失序的心理状态，但是如若不能及时调整这种负面的心理状态，就有衍化为抑郁症的倾向，直接影响甚至中断留学进程。所以，这一阶段就需要加入外力，如思想政治教育者的日常关注和关怀帮扶，以此助力留学生积极整合无序心理现状，积极寻求过渡，探索适应留学生活的积极状态。比如，去交新朋友，让自己融入国外环境，多与同学交流，逐渐适应国外学习和生活等。在心态转变过程中，同辈协助无疑是助力留学生顺利克服“无序状态”，从“过渡状态”进阶为“有序状态”的关键因素。因此，同辈群体将是开展留学生思想政治教育工作需要积极团结和依靠的力量。

五、较为薄弱的法治素养

“法治素养”反映的是中国留学生在海外面临的各种法治安全问题。虽然中国留学服务中心每年都会开展系列“平安留学”行前培训活动，并按期进行工作总结。但留学生在海外遇到的各种问题复杂，并不是“亡羊补牢”式的安全教育活动就能够完全避免的。毕竟，安全

① 于 2020-06-25 摘自与留学生 S24 的访谈内容。

教育活动不可能提前预判威胁到留学生安全的“黑天鹅”事件。根据访谈材料，中国赴海外留学生面临的法治安全问题主要表现为以下几方面。首先是毒品问题，海外一些国家不仅没有禁毒要求，甚至还设有专门的“吸毒室”。这并不意味着中国留学生就要“入乡随俗”，留学生不应该被外界诱惑蒙蔽双眼，从而丢掉法律观念并逾越内心的守法底线。通过编号 S2 的受访者了解到：“周围有学生打老师被开除的，还有学生行贿老师买试卷的，更有中国学生贩毒判刑在泰国监狱蹲着的，泰国对这个处罚不严重，他贩毒的量在国内足以让他被判处死刑，大概也是受了金钱蛊惑。”① 笔者在对该现状表示惊讶之余，从 S2 受访者的平淡表述中意识到，中国留学生群体中存在类似行为的学生应该还有很多。其次是骗汇问题，比如外汇兑换，会有同学或者学校老师向留学生承诺把钱存到他们名下，条件是给留学生的汇率比标准汇率高很多。就泰国来讲，若某一年银行标准汇率为 4.4，但所谓的“中介老师”会给到 4.7 甚至 4.9。只是，类似“中介老师”并不是值得信任的托付者，很多中介在收到留学生的钱之后，不满一年就卷钱跑路。所以，不贪图一时之利、不钻法律空子、不触碰法律底线，对于留学生群体来讲，无疑是最直接也是最安全的做法。再就是一些法律合同纠纷问题，例如编号 S21 的受访者谈道：“比较棘手的问题就是需要涉及法律的一些合同纠纷，因为我们不太懂，最后只能寻求老师帮助。”② 针对这一问题，如果在留学所在地能配置专业的律师志愿者，对于身陷合同纠纷的留学生大有助益。尤其对一些需要签订租房合同的同学来讲，专业的律师志愿者能够帮助留学生及时止损，防患于未然。同时，通过志愿者与留学生之间建立信任关系后，还能把握时机对其进行针对性的思想政治教

① 于 2019-12-28 摘自与留学生 S2 的访谈内容。

② 于 2019-12-28 摘自与留学生 S21 的访谈内容。

育，比如普及法律常识、增强法治意识。除此之外，编号为 S26 的受访者还讲述了一次被骗子冒充警察诈骗的经历。凡此种种，无一不折射出相当一部分的中国赴海外留学生法治意识薄弱，在海外面临诸多的法律黑洞和安全问题。

第三节　留学生思想状况的问题成因

基于前文研究，综合国内外主客观影响因素，对中国赴海外留学生面临的思想问题进行全方位分析和深层解构，挖掘问题本质，发现当前中国赴海外留学生所面临的各种思想问题是多种因素交互的结果。

一、留学生行前准备工作不充足

就中国赴海外留学生而言，行前准备工作不足是其面临诸多问题尤其是思想政治问题的直接原因。比如不熟悉政策规则导致出现各种棘手问题，编号为 S3 的受访者表示："留学期间最棘手的问题就是跟政府部门打交道，完全搞不清楚流程，还有一些门户系统的使用规则，与国内相差很大。"① 这一差别源于不同政治体制下办事规则也会存在一定差异。再比如，因不了解留学国生活习俗产生人际交往壁垒，编号 S34 的受访者提供了另一个视角："初来乍到，在美国他们最常用的一些交通方式，以及他们的生活习俗，还有你所去的州的一些具体的习俗也不一样，再就是你所兼职工作的一些场所需要注意的工作事项，以及与国际友人一起合作时需要注意的事项，都让我措手不及，因此闹出了好几次

① 于 2020-06-22 摘自与留学生 S3 的访谈内容。

笑话，之后有一段时间不太想去接触其他人。"① 此外，拜访老师的礼仪规则也是常见问题。部分留学生规则意识弱，如在美国拜访老师要提前邮件预约，不能直接敲门而进，不可莽撞。可以说，风俗习惯和行为礼仪在日常生活中对留学生产生的影响最为广泛，也是中国赴海外留学生在日常生活中遇到的最多问题。除此之外，自立能力亦是影响留学生境外学习和生活状态的关键因素。自立能力影响着留学生日常生活的方方面面，自立能力强的同学赴海外留学后能够更轻松地融入异国生活中。但对于自立生活能力一般甚至比较弱的留学生来讲，适应和融入异国生活将是一个极大的难题和考验。如果出国留学前没有有意识地培养自立生活的能力，那么出国留学后极有可能走很多弯路。在国外生活除了吃，还有住和行的问题。通过访谈了解到，国外一些学校不提供校内住宿，留学生需要自行解决住宿问题。低龄留学生大多会选择寄宿家庭，大学本科及以上的留学生一般会选择校外租房子。在寄宿情况下，"寄宿生应视自己为寄宿家庭的一员，尊重主人的家庭生活方式和习惯"②。此时，行前功课尤为重要。在租住房屋的情况下，就要提前预设或者尽可能考量租住房子过程中会出现的诸多问题。最后是学习模式，客观来讲，基于不同国情和政治制度，国内外教育模式还是存在一定差别的。但是，随着中国特色社会主义现代化建设的进一步发展，我国教育理念和教育模式都发生了相应改变，将提高全民族的素质作为关系社会主义现代化建设全局的一项根本任务。在中国特色的素质教育体系内，不仅由"应试教育"转向为注重创造能力和自学能力培养的素质教育，更关注学生实现社会公德教育、世界观教育、人生观教育、劳

① 于 2020-06-28 摘自与留学生 S34 的访谈内容。

② 赵园，周瑾．新西兰留学移民手册［M］．北京：对外经济贸易大学出版社，2002：186.

动观念教育、终生学习教育以及审美观念与能力培养等全方位的综合素质提升。但是，无论国内还是国外，关于以往“应试教育”的刻板印象仍然存在，而这种刻板观念的改变还需要一定时间。比如，编号为S32的受访者表示：“澳洲教育多为合作学习，外国学校重视团队合作完成任务，重视对知识的理解运用，而不是单独完成任务和仅仅针对考试。”① 此外，还有受访者表示国外教育更注重培养解决实际问题的能力以及个性化兴趣，留给学生无限发挥的可能，不只局限于课本上的传统教育思维。而国内教育偏向学术派，缺少个性化特征。以上访谈心得无疑就是对当前国内教育模式缺乏了解的结果。不同教育模式虽然能够为留学生们带来更鲜活和更丰富的课堂体验感，但是适应不同教师多元教学模式也是留学生需要面对的极大挑战。并且，中国赴海外留学生首先要端正自身对于国内教育模式的认知，既不能主观臆断，又不能夸大其词，而是要在尊重事实的基础上，客观认识和评价中国教育模式，以正视听。

综上，若通过行前培训普及国内相关制度政策并提前介绍留学国家的体制政策和法律常识，同时为留学生在当地配备相关志愿答疑组织，这可以有效解决困扰留学生的诸多问题。但是如果没有前期的教育指导，日常生活中的方方面面都有可能成为影响甚至阻碍留学生顺利完成学业的因素。总之，在出国留学前是否熟悉留学国的国情体制与政策规则，是否有足够的自立生活能力，是否做好充足的心理建设以及是否了解国外不同于国内应试化的教育模式，等等，在很大程度上都会导致留学生赴海外后出现截然不同的适应状态。所以，在留学生出国前进行针对性行前培训，对协助中国赴海外留学生顺利融入留学生活具有重要意

① 于2020-07-25摘自与留学生S32的访谈内容。

义。与此同时，以上问题也为思想政治教育及时掌握留学生群体的实际需求，立足现实问题并及时增加针对性教学内容提供了有益借鉴。

二、留学教育体系缺乏思政观照

思想政治教育是以思想教育为核心与重点，关乎思想、道德和心理的综合教育实践，是解决人们思想观念问题、规范言行举止的主要途径之一，对应解决的是中国赴海外留学生的思想认识问题，担负着立德树人的神圣使命。在中国学生出国留学之前，针对该群体发挥思想政治教育当中的思想教育规范和引导效用，密切关注留学人员思想和心理变化，全面分析其思想行为，对其展开相对应的教育引导，不仅关系着中国赴海外留学人员正确价值观的确立，也关系着我国国家形象的树立以及人才战略储备的需要。但就目前来讲，留学教育体系中的思想政治教育只是一种形式化表现。很多时候，伴随着一场会议或者讲座的结束，思想政治教育的任务随之结束，很少有人真正认可思想政治教育，更不会有后续跟踪回访。因此，思想政治教育在留学教育系统内基本处于边缘化和真空状态。这种边缘化意味着精神引领或者道德教育的弱化，加之国外复杂的思想文化生态，难免会对留学生的成长产生消极影响，进而衍生出各种思想问题。具体来讲，留学教育体系缺乏思想政治教育观照，尤其是思想政治教育当中的思想教育观照，这一问题主要表现为以下几方面。

首先，中国留学行前培训没有形成一支专业的常态化的教师队伍。可以说，中国赴海外留学生行前思想教育培训在整个留学行前培训体系中处于薄弱地带，这与培训教师队伍的不完善密切相关。在常规认知中，中国赴海外留学生培训队伍一般由三大组成部分。一是教育部相关留学部门，比如国家留学基金委、中国留学服务中心等。但是，这部分留学部门并不具备专业的思想教育职能，即便开设行前培训也是以安全内容为重点，思想教育内容只是一个辅助性的存在。二是高校相关职能单位，比如高校学生处、大学生毕业指导办公室等。但此类相关单位终日忙于常规事务，对拟出国学生的思想以及心理状态无暇予以过多关注。三是民间出国留学中介组织。中介性质的机构组织除了基本的出国流程安排之外，即便设立教育辅导，也仅限于外语辅导和推荐信辅助，对于留学生的思想教育缺乏动力和责任感。如此一来，就逐渐形成了国内相关教育部门思想教育功能缺位以及思想教育在留学教育系统的边缘化状态。对于中国赴海外留学生这样一个庞大的群体来说，在行前没有与之相对应的体系化的思想教育关注，问题丛生也就不足为奇了。

其次，中国留学行前培训在内容上缺乏思想教育观照。留学生在国内如果没有一个正确的价值观基底，赴海外学习后极易受到不同程度的西方意识形态侵蚀。本书通过分析访谈文本等资料，获悉 200 位受访者中，有 150 位（占比 75%）受访者表示接受过留学行前培训。在这 150 位受访者中，仅有 6 人（且为公费留学生）接受过思想教育培训，此外 1 人签订过保密协议，39 人接受过行前安全培训，31 人接受过行前语言培训，如图 4-4 所示。

其中，语言培训常见于自费留学生群体申请留学所依托的中介留学组织，安全培训则是中国留学服务中心“平安留学”行前培训的主要内容。虽然人身安全和语言水平是决定留学生能否顺利适应国外留学生活的重要因素，但是人身安全与语言水平不是决定留学生能否顺利适应国外留学生活的唯一要素。除了安全问题和语言问题之外，留学生们普遍反映在国外还会遇到各种生活难题、心理问题以及思想文化冲击问题等。在留学生海外适应过程中，思想教育发挥的正是重要的思想引领和心理调适作用。所以，行前培训只侧重于安全和语言培训的内容结构是

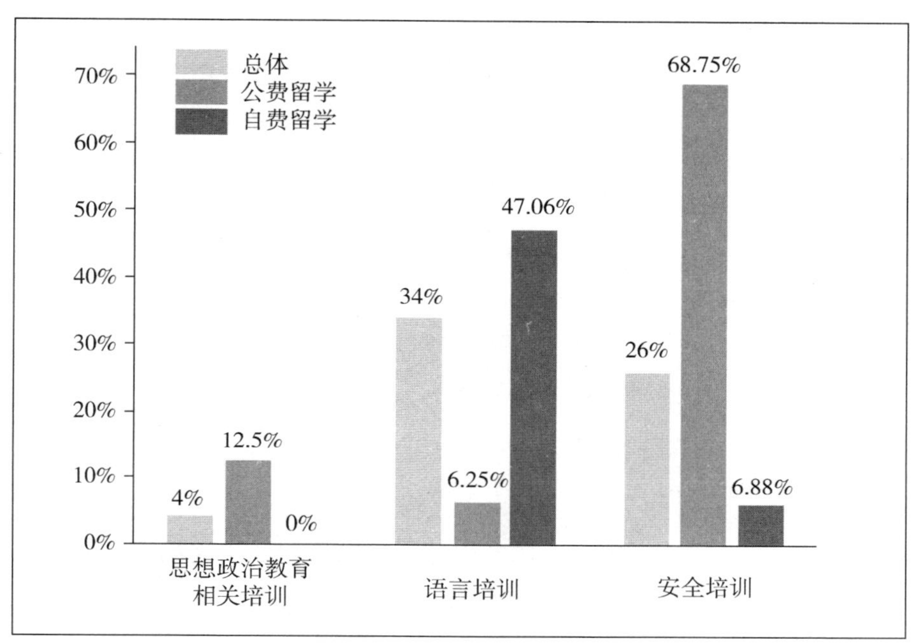

图 4-4 受访留学生参加行前培训情况

不完整以及不科学的，亟须加入系统的思想教育内容。该思想教育内容与单一的讲座式思想教育内容不同，是围绕留学生赴海外学习生活可能遇到的复杂问题而展开的具有针对性的、灵活多样的思想教育内容。并且，开展思想教育工作需要协同相关单位如国家留学基金委、高校相关职能单位以及出国留学中介组织共同实施。总之，对于中国赴海外留学人员这样一个庞大的群体（改革开放以来，我国各类出国留学人员数量达 656.06 万人）来讲，行前培训设立一个与之相对应的体系化的思想教育方案是十分必要的。毕竟，诸多案例表明，出国留学思想教育的缺失，在一定程度上对部分留学人员出现的言行不端问题负有很大责任，同时也是导致诸多优秀毕业生留学海外并一去不返的原因之一。所以，加强留学人员思想教育，弥补因思想教育“缺位”导致的各种问题，已成当务之急。

最后，中国留学行前培训没有系统的思想素质考核要求。新中国成立初期，国家选派的留学生是经过严格考察，具备思想成熟、成绩优异和满怀报效祖国信念等特征的群体。新时代的中国赴海外留学生，随着自费群体占比越来越高，留学生生源家庭背景及其留学目的愈加多元，留学生素质参差不齐。虽然如此，当前对留学生思想素质却没有一个系统的行前考核。对于大学期间或毕业后自行申请出国的留学生来说，要么高校因其已出国留学而将管理权移出，要么就是学校对已经毕业的学生不再承担相应的管理责任；对于高校公派出国的留学生来讲，学校对其负有选拔、考核以及监管责任，但是在选拔与考核环节多以成绩作为主要评定标准，对决定申请出国学生的思想品质、政治立场、价值观念以及心理状态等关键因素并没有严格考量，这一现象为准确和及时把握准留学生的思想倾向带来了极大困难。毕竟，近年来的诸多案例表明，部分留学生的思想素质着实堪忧。所以，行前评估与考核留学生思想素质是预防留学生出现言行不端问题的未雨绸缪。通过审视部分言行不端的留学案例发现，一方面，部分留学人员的固有家国情感基础薄弱。在中国传统文化认知中，家国从来都是难以分割的，个人荣辱、家族前途与国家命运息息相关，这是中国人一直传承的家国观念，是几千年中华传统文化的精髓，也是中华民族实现长远发展的基石。传统的家国观念催生爱国主义，爱国主义是个人对祖国依存关系的正确反映。① 很显然，一些留学生本身对爱国主义这一深厚情感并无太多体会和认知，甚至没有发自内心的认同。这类留学生在长期的国外生活实践中，面对各种诱惑自然无法经得起考验，无法切实体会个人对祖国的依存关系。由

① 李建一．大学生思想道德教育读本［M］．沈阳：东北大学出版社，1997：218.

此也就不能在内心生成对于党和国家的信服感与归属感，逐渐在空谈爱国的过程中走向忘国甚至辱国、卖国，一边享受着党和国家为其提供的广阔发展平台而不自知，一边做着背信弃义抹黑祖国之举而无所愧。另一方面，部分留学人员对家国观念理性认识不足。爱国不只是简单的情感表达，更是一种理性行为。《中华人民共和国宪法》作为国家的根本法，明确规定维护祖国的安全、荣誉和利益以及保守国家秘密是国民最基本的处事准则，是国民应该也必须履行的义务之一。于社会、祖国而言，如果不能在行前对此类留学人员的思想问题进行实际把握和关注，则无异于养痈遗患。值得警惕的是，这类留学人员并不在少数。所以，应该切实解决部分留学人员言行攻击祖国的问题，从而端正留学人员的自我定位，推动留学人员树立正确家国观念，也须设立一套对准留学生群体具有识别性的思想考核标准和要求。

二是留学期间思想动态关注不足，未形成常态化思想教育工作机制。中国学生赴海外学习，不只是学习单一的书本知识，还需要适应一种全新的文化环境；不只是需要领悟纯粹的专业理论，还需要甄别多元的价值观念。更重要的是，中国留学生在异域环境中经历了多元价值观的碰撞之后，仍然能够秉持初心，坚持积极向上的正确价值观。思想政治工作从根本上说是做人的工作，必须围绕学生、关照学生、服务学生。① 留学教育要想达到这样大范围的理想态，就离不开思想教育的全程关注。近几年，部分留学生国家意识薄弱、价值观念被西方文化侵蚀，言行辱没祖国的恶性事件不断被曝出。频频曝光的恶性事件与思想教育在中国赴海外留学生群体中的“无为”形成了鲜明对比，所以中国赴海外留学生思想教育面临严峻的发展困境。反躬自省之，若要保证

① 习近平．把思想政治工作贯穿教育教学全过程 开创我国高等教育事业发展新局面［N］．人民日报，2016-12-09（1）．

中国赴海外留学生群体的思想处于稳定状态，思想政治教育工作者就应该自觉与广大留学生紧密联系在一起，通过日常接触和交流来探知留学生群体的思想变化，找到影响留学生思想波动的因素，进而根据观察结果探索解决问题的方法和途径，增强海外教育场域下留学生思想教育工作的针对性，达到防患于未然的效果。但目前中国赴海外留学生思想教育既没有在行前为海外思想教育活动形成系统化的经验积累，又缺乏在海外教育场域下关注留学生思想动态的教育意识，同时因海外各种情形复杂多变，难以找到针对留学生开展思想教育活动的切入点。总之，海外场域是中国留学生学习生活的主场，在这一教育场域下，缺位的思想教育对海外留学生群体的思想和心理状态没有持续的动态关注，这在一定程度上导致留学生群体的多元、多层次及其需求的多样性和由此产生的各种问题纠结在一起，留学生群体深受其扰。具体来讲，思想教育对留学生思想动态关注不足主要表现为三方面。

首先，缺乏日常关注，未能及时发现留学生面临的问题。通过访谈分析了解到，中国留学生在海外会遇到不同程度的、各种各样的问题，但思想政治教育者在海外教育场域下对留学生群体缺少关注的主动性，因而不熟悉留学生特性，难以觉察留学生群体之间存在的问题，且难以理解留学生群体面临的迫切需求。例如中外教育模式问题，一些留学生在接受新式西方教育的过程中，难免将其与中国教育体制相对比，逐渐产生对国内教育体制的不满甚至诟病。此时，如果思想政治教育者能打入留学生内部，就可以从留学生的实际出发，站在客观公正的立场同留学生们探讨中外教育模式的利弊。国外教育方式虽然重视学生个性发展，善于挖掘学生天分，但是这种教育的弊端在于只求其一不求其二，导致大部分学生虽然有个性，可是其他知识能力薄弱；对于国内教育方式的传统认知是“强加硬塞”，但是却忽略了近年来中国教育改革的系列举措和可观成效。并且，相较于西方教育模式，中国教育的优点在于有教无类，不单一、不片面，大众整体知识水平高。以此为例，与留学生群体进行类似的理性探讨和分析，从一个小问题切入，引导留学生们辩证地看问题，避免陷入盲目的“崇洋媚外”。再比如，中国学生跨出中国国门，面临着比较陌生的国度和法律环境，如何防范国外留学期间的法律风险，主要取决于留学生对所在国法律知识的了解、运用及其面临的具体法律问题。思想政治教育者如果能够对留学生们进行动态关注，就可以及时了解留学生面临的实际法律难题，并针对留学生面临的实际困难做出及时提醒和相关引导，进而防微杜渐，避免让小问题变成大问题，保障留学生基本权益、解决留学生实际困难，最终为开展留学生思想教育活动创造有利契机。

其次，缺乏问题意识，未能有效利用“特殊情况”对留学生群体展开及时教育。一是正向案例推介效果不明显。在复杂多变的国际形势下，国内任何一件重要事件的发生都会引来国际社会或好或坏的回应。面对一些正向案例，思想政治教育者如果能够发挥该有的宣介和引导作用，结合舆论效应，通过正向案例输出正向价值观、传达积极态度。但是，舆论效应的处理需要把握时、度、效三要素，做到顺时应势，占领社会主义舆论阵地。设想，倘若网络舆论阵地被某些别有用心的人甚至是不法分子占领，倘若部分中国留学生不明真相被恶意舆论带偏，再或者一些留学生单纯照搬案例主人公的系列行为，而不顾客观条件、具体问题等因素的存在，无论以上哪一种情形发生，其后果都会不堪设想。二是反面案例教育跟进不及时。有正面案例的出现，就必然有反面案例的发生。对于一些特殊问题的出现，需要思想政治教育者具体问题具体分析（正向案例与负面案例），及时认清问题本质，以案例形式对留学人员展开及时的思想教育引导，避免部分留学生对负面案例产生认知偏差而误入歧途。

三、留学应急管理机制尚未形成

中国赴海外留学生应急管理机制是指通过总结以往突发事件经验从而对国内外局势做出提前预判，形成针对留学生群体的突发事件应对预案。通过形成预案，不断完善留学生应急管理机制，可以有效保障中国赴海外留学生的切身权益，维稳中国赴海外留学生的心理状态。所以，中国赴海外留学生应急管理机制的形成是决定留学生教育成效的重要举措。就目前来讲，针对中国留学生群体尚未形成一个完善的管理机制，这也是中国赴海外留学生群体出现各种问题的主要原因之一。具体表现为以下两方面。

其一，针对留学生不端言行的处罚机制尚未形成。近几年，部分留学生价值观念变化不定、不负责任甚至出现辱国叛国等不端言行的行为屡见不鲜。这些问题不仅反映出留学生思想层面存在诸多问题，更在国际社会中严重影响祖国形象。通过整理近年来留学生的诸多海外不端行为，笔者将其分为四类：言辞不当行为、法律意识淡薄行为、学术不端行为和辱国叛国行为。其中，辱骂祖国这一不端言行在近几年中国赴海外留学人员攻击祖国的事件当中属于发生概率比较高的类别。面对部分中国赴海外留学生的不端言行，如果始终没有一个相应的处罚机制，不能对此类留学生的不端行为加以及时处理和规制，那么于此类留学生而言，其个人没有为不端行为付出相应代价，只会有恃无恐、一错再错；于社会而言，该不端行为没有得到应有处置，只会助长这股不良之风；于祖国而言，该不端行为是国际反华势力的帮凶，只会伤害更多的祖国利益和同胞情感。所以，在加强留学生思想教育工作的过程中，面对部分有知识素养却无家国情怀的留学生，必须及时掌握动态、厘清现状并做出分析，找到事实依据并提出预案，尽快形成相关处罚机制。

其二，针对突发事件的应急管理机制尚不健全。突发事件必然带有不可计划和不可预测的特性，根据《中华人民共和国突发事件应对法》的相关规定，我们认为的留学突发事件一般指留学生在海外不幸遇到突发自然灾害、事故灾难、公共卫生事件或者社会安全事件等。目前来看，我国针对留学突发事件已经出台了明确规定，比如按照突发事态轻重和类别，分别采取不同的处理方式，在具体事件处理方面又具体划分了三个类别。根据我国对留学突发事件处理的相关规定，我们可以提炼出突发事件状况的基本信息，尽可能及时地对广大中国赴海外留学生及其相关责任机构发出预警通知。

虽然留学突发事件处理的相关规定已然存在，但是在实践层面，关于留学突发事件的规定依旧存在诸多问题。一方面，从整体来看，留学突发事件的处理或者预警通知大多停留于“口号”层面，在实际操作层面并未形成相应的应急管理机制。另一方面，从具体实施角度来讲，首先不论突发事件的事态严重与否、不论突发事件的事态类别如何，其处理方式都是由留学生个体主动与当地使馆或者相关组织报备和请求支援。这一解决方式本身就不具操作性，先不论报备程序的复杂性，单就留学生个体而言，在异国他乡遇到突发事件本就措手不及，再加上其未能熟知异国法律规定、报备程序或者报备途径，留学生很容易乱中出错，甚至会被别有用心之徒诱导落入又一个事故陷阱中。其次，对留学生个人提出时刻注意人身安全、防患于未然的要求显然是一种自我安慰。所谓突发事件，就是留学过程中的“黑天鹅”事件，其特性就是意外、出人意料和防不胜防，所以这种安全倡议更像是一种希冀和期望。再就是对派出机构、出国培训部门、留学中介机构等部门提出进一步加强安全教育工作的要求。这更像是一个伪命题，通过前文分析，派出机构和出国培训部门大多面向公费留学群体，而目前占我国留学生群体多数比重的是自费留学生群体，他们所接受的行前教育大多来自留学中介机构基于利益角度而特设的语言培训，因而行前安全培训的覆盖面只是中国赴海外留学生的一小部分。所以，对派出机构等部门提出工作要求尤其是加强安全教育的要求，对于留学生思想教育工作并无实质助益。最后，我国驻外使领馆教育处（组）应增强服务意识，通过设立安全预警机制，在加强与海外留学生的联系中提升管理意识、多多开展教育活动。总之，无论是突发事件的处理还是留学生福利的落实，都需要健全应急管理机制并成立一个留学过渡期的协助组织。这一过渡组织既可以在中国留学生深陷困境时解决实际困难，保障留学生的健康安全和正当权益；又可以预防和减少突发事件的发生，控制、减轻和消除突发事件引起的并发问题；还可以成为中国赴海外留学生的日常依赖，发挥心理引导和服务关怀作用，为中国赴海外留学生思想教育创设时机与平台。

四、国外负面舆情产生不良诱导

一直以来，社会主义意识形态都在遭受着资本主义媒体的解构。以疫情防控期间的西方舆论为例，在中国全力抗击疫情的关键时期，一些固守种族偏见歧视、“中国观”扭曲的媒体，借题发挥，毒化国际社会携手抗击疫情的环境。① 这实际上是境外反华势力企图抓住疫情的负面特征，从而对中国疫情的本质或特征做出负面结论。他们无视中国为抗击疫情所做出的全部努力和已取得的重大成就，只从局部出发，以偏概全、以点概面，大肆渲染疫情现状，从而达到推行反华言论、损害中国

① 不容种族歧视者胡说［N］. 人民日报，2020-02-26（3）.

国家主权和国家尊严的目的。显然，以反华势力为主导的境外媒体不可能做一个客观公道的“旁观者”，他们总会基于其政治立场，抓住一切可以利用的素材，带有偏见并恶意地矮化、丑化、妖魔化中国。在其所谓“理性”和“公知”的表面之下，是西方某些势力的政治手段和舆论策略，是此前反华反共价值观输入到舆论从而煽动政治的演变，更是由正面对抗转向混淆视听的诋毁。随着新冠疫情在全世界进一步扩散，某些媒体和个人在片面化界定整个事件性质的基础上，将整体形势上升到危险恐慌甚至种族歧视层面。总之，在疫情危机面前，凡是国内舆论场上出现的任何争议事件，凡是我们对政府提出的任何建议，都会被相关外媒无限放大，作为反对中国以及蛊惑全球反对中国的素材与工具，成为反华舆论的组成部分。他们为了妖魔化和贬低中国体制与政府、为了混淆舆论视听而蓄意污名化中国，给中国贴上种族歧视的标签，以低级趣味的讽刺诱导人们放弃理性认知，旨在掀起一场严重的反华言论和行动。毫无疑问，在这个关键时刻，每个国人和华裔都承受着中国尊严的问题。也是在这样一个充满压力、非议和诱惑的环境中，如果部分留学生对于外媒信息缺乏足够的分辨能力，思想意识就容易动摇，逐渐倾向一条看似“容易”实则“忘本”的附庸之路。附庸的是国际舆论生态中的反华声音，忘记的是作为一名中国人的骨气和本分。由此来看，加强留学生思想教育，及时关注留学生思想动态，还必须时刻注意来自复杂国外环境的不良诱导。此外，不止留学学校的政治态度会对留学生的政治立场产生影响，国外导师的政治态度和政治立场也同样关键。

五、种族主义带来多元文化冲突

首先，“种族歧视”在留学生活中是真实存在的事件。虽说随着时代的进步、文明与文化的交流使得不同种族之间有了更深入的了解，联系也更紧密了，但是这些对我们亚洲人的刻板印象和偏见由始至终都存在着。[①] 虽然不是每个人都会遇到种族歧视问题，但每一位留学生都不能保证自己肯定不会遇到，重要的是学会合法维护自己的人身权益。比如，一些中国留学生初入他国，一般会出于礼节问候国际同学，但是这种礼节性的举动往往被无视。不仅如此，还可能会遭到莫名辱骂和攻击。因此，前往西方国家留学的受访留学生们大多表示："我身边的朋友多是亚裔，白人朋友很少，他们几乎不愿意和我们玩。"[②] 其次，关于"宗教渗透"，该项节点数在"文化适应"范畴下占比最高。"宗教渗透"不仅表现为上门推广宣传，还表现为朋友邀请参加等形式。通过访谈了解，宗教话题对于留学生来讲，已经是一个司空见惯的现象。诚然，宗教对于外国人来讲或许就是一种生活方式，我们应该尊重他们的这种生活方式。但是，如果某些宗教活动是披着宗教话题外衣的意识形态渗透，就会对留学生的跨文化适应带来一定程度的负面影响甚至是颠覆性改变。诸如此类问题都为留学生思想教育的内容设计提供了实践依据，但如何讲清楚宗教与教育、宗教与习俗、宗教与邪教之间的关系，是思想政治教育工作者必须厘清的重要问题。

---

① 林家羽．留学本无忧［M］．上海：上海社会科学院出版社，2019：123.

② 于 2020-07-01 摘自与留学生 S44 的访谈内容。

第五章

中国赴海外留学生思想教育的推进路径

基于对中国赴海外留学生群体思想状况的分析结果，针对出国前、留学中和回国前三个教育场域，从教育主体、教育内容、教育方式和制度体系四个层面提出相对应的思想教育实践路径，分阶段落实留学生思想教育工作，并为此构建全方位的机制保障，最终形成系统化的中国赴海外留学生思想教育体系。这有助于解决中国赴海外留学生思想教育的系列难题，提高留学生思想教育的实效性，从而为实现中华民族伟大复兴提供更有力的人才保障。需要声明的是，中国赴海外留学生群体中大学生占比数量最多，因此本书秉持着重点问题重点突出的原则，具体教育路径以适应大学生留学群体为主，同时尽可能兼顾低龄留学生和高级访问学者等留学生类别；具体教育环节以公派留学生为抓手，同时尽可能辐射和带动包含自费留学生在内的整个留学生群体。

第一节　确定教育主体：加强留学生思想教育队伍建设

本书的教育主体是指在教育活动中有目的、有计划地认识和作用于受教育者，以自身的活动与影响引起和促进受教育者身心发展的人员，他们集合组成了教育队伍。换言之，中国赴海外留学生思想教育队伍是指在特定时间和空间对留学生开展思想政治教育尤其是思想教育活动的群体。这一群体既包括专职思想政治教育者，还包括一些兼职教育者，即能够发挥思想政治教育功能的人员。能否科学有效推进中国赴海外留学生思想教育工作，取决于教育队伍的建设程度。因此，发挥留学生思想教育队伍的积极性、主动性、创造性，是在留学生留学历程的各个阶段守住树人之本、完成育人使命的关键。

一、留学前——以思政课教师协同专业课教师为主体

思想政治理论课是落实立德树人根本任务的关键课程①，思政课教师是承载立德树人教育使命的关键力量。党的十八大以来，在以习近平同志为核心的党中央的高度重视下，思想政治工作出现了前所未有的繁荣景象。但是，在这繁荣发展的背后也隐含着很大的学科发展危机。并且，随着马克思主义思想政治教育研究的进一步推进，其改革创新过程中存在的问题更加凸显。例如，理论研究有余而应用研究相对不足，针对社会中切实发生于人民群众尤其是社会特殊群体之间的可被观察的小问题、具体问题的研究较少。而这些社会特殊群体，正是关乎社会进步，对社会发展具有重要影响的群体；这些特殊群体问题，才是真正需要思想政治教育关注的重要问题。中国赴海外留学生正是这一特殊群体的重要组成部分。然而现实情况是，各高校在整体上稳抓思想政治教育及其理论建设的同时，对于思想政治教育在特殊群体等微观层面的具体应用和重视程度远远不够。

这主要表现为以下几方面。一是部分高校未组织建设高校大学生出

① 张烁，谢环驰．用新时代中国特色社会主义思想铸魂育人 贯彻党的教育方针落实立德树人根本任务［N］．人民日报，2019-03-19（1）．

国留学思想教育队伍。通过前期访谈得知，已有的留学生出国前思想教育培训，只是由相关辅导员在学院大会时简单强调几句，或者由马克思主义学院教师在行前培训的思想教育培训环节以讲座的形式展开，抑或者在出国留学前由学校国际教育交流合作处（出国处）进行简单座谈。这说明，当前很多高校并没有形成体系化和常态化的中国赴海外留学生思想教育队伍。二是部分高校已配备的留学事务工作人员无法满足中国赴海外留学生的现实思想需求。这主要体现在工作人员的数量及其专业角度。首先是随着中国学生选择出国的需求量增加，相关工作人员的数量并没有随之增加匹配，这就导致留学专项工作人员忙于常规事务，无暇顾及拟出国留学生的思想教育问题，因而造成中国赴海外留学生行前思想教育逐渐趋向边缘化甚至处于缺失状态的局面。其次是专业问题，部分高校已配备的负责留学事务的工作人员长久处于行政岗位，被日常行政化、程序化的事务所浸染，形成了讲究时效的工作习惯。但是考察拟出国留学生的思想状况，并不是一个“即时”性问题，并不是一份调查问卷或者一通电话就能解决的问题，留学生的思想问题是需要工作人员协同教辅人员及其同学朋友，通过多方了解、细致观察和多阶段持续关注才能大致掌握的。显然，无论是工作方法还是需要掌握的留学生思想动态，对于高校负责出国留学事宜的工作人员来讲，都存在或工作精力不足或处理方式不够专业的问题，这就会造成中国学生出国留学之前的思想教育工作逐渐流于形式、难显效果。基于以上问题，加强留学生出国前思想教育队伍建设主要从以下两方面着手。

一方面，以思政课教师协同专业课教师为主体，扩充留学生思想教育队伍，强化思想教育工作责任，提升思想教育专业水平。高校应该充分重视留学生出国前的思想教育工作，尤其是专业化的行前思想教育培训。这就要求留学生行前思想教育队伍当中应增加专业的思想政治理论课教师。思想政治理论课教师能够从专业角度出发，抓住关乎留学生思想教育的关键点，在出国前给予留学生更具系统性和针对性的思想教育。但是，中国赴海外留学生思想教育单纯依靠思想政治理论课教师的力量是远远不够的。一是中国赴海外留学生的行前教育是以思想教育为主，同时又包含心理健康、政策宣讲以及法制安全等多方面内容的教育实践活动。因此，仅仅依靠思想政治理论课教师手中掌握的资源和讯息无法满足中国赴海外留学生行前教育的需要。二是思想政治理论课教师承担着全校的思想政治理论课工作，因而可支配精力有限。中国赴海外留学生行前教育如果单纯依靠思想政治理论课教师，那么教育的实效性很难保证。笔者通过访谈发现，在200位受访留学生中，认为思想政治教育对于自身发展具有正向作用的同学不足五成，这其中大多数的正向反馈来源于政治面貌为中共党员的留学生。也就是说，绝大部分的留学生认为思想政治教育在其成长历程中并没有发挥太大作用。具体如图5-1所示。

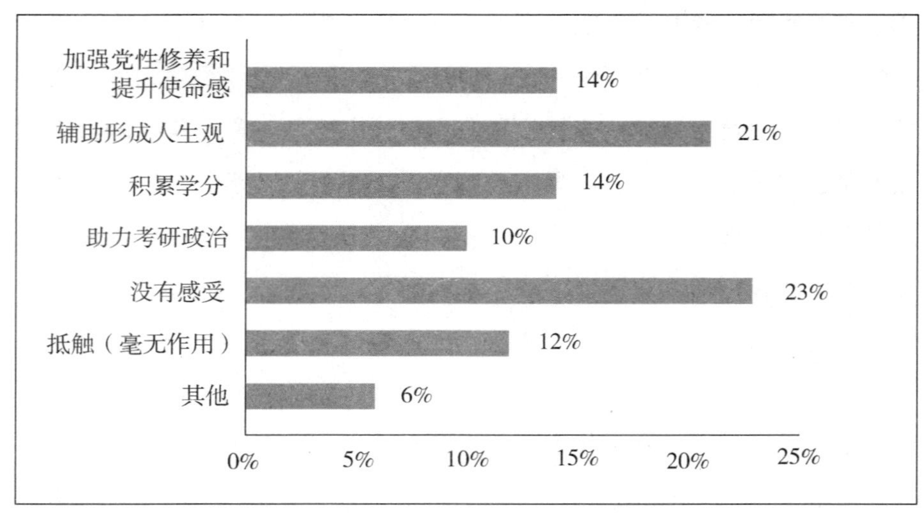

图5-1　受访留学生对思想政治教育的感受

在这种民意基础上，如果思想政治理论课教师不能及时转变教育策略，那么中国赴海外留学生思想教育工作很可能事倍功半。与思想政治教育的民意基础不同，高校专业课教师因其广博的专业知识、精细化的教育指导以及更有效的交流时间，深受学生们喜爱。所以，在中国赴海外留学生思想教育工作开展过程中，如果能够调动专业课教师的学科优势及其自身的育人特性，与思想政治理论课教师同向同行，将会对留学生思想教育工作产生重要的推动作用。事实上，专业课教师的思想政治教育影响力一直是客观存在的，专业课教师和思想政治理论课教师共同构成了一个有机统一的教育过程。协同专业课教师对留学生进行教育是提升留学生思想教育工作的迫切要求，而对专业课教师进行思想政治教育则是课程思政得以开展的重要基础和关键切入点。因此，在开展中国赴海外留学生思想教育的过程中，探索专业课教师课程中蕴含的“思想政治教育资源”①，以马克思主义学院为主导、各专业学院为具体实施主体，通过思想政治理论课教师协同专业课教师，层次分明地引导高校专业课教师充分发挥其育人功能，将其潜在的思想政治教育影响力激发出来，使之与思想政治理论课教师紧密配合、协同作战，从而共同推进留学生思想教育的有效落实。

另一方面，吸纳国际处工作人员、中介工作者以及留学生家长等主体加入留学生行前思想教育工作中，完善留学生学生干部梯队建设。国际处工作人员、中介工作者、留学生家长以及同辈群体是辅助教育主体。首先，国际处工作人员可以兼顾大学期间自费申请出国留学的群体，通过设置成绩单打印、留学前相关手续证明等环节，既可以将思想教育渗透到各个环节当中，又可以掌握拟出国留学的学生名单，通过集

① 张烁，谢环驰．用新时代中国特色社会主义思想铸魂育人 贯彻党的教育方针落实立德树人根本任务［N］．光明日报，2019-03-19（1）．

中行前培训，达到未雨绸缪的效果。其次，留学中介组织与留学生家长可以弥补已毕业学生出国的教育漏洞。以高校协同留学中介组织为体系，完善对准留学生的行前教育，中介组织可以作为学校和家长的联络者，具体行前教育工作由学校教育者进行，中介负责监督和下达通知，学生家长则是在整体行前教育过程中居于辅助地位、发挥辅助作用。此外，关于完善留学生学生干部梯队建设，根据访谈结果分析，有58%的受访留学生表示，平时在海外接触最多的角色是同学朋友。同样，在出国之前，一些实用的留学建议也多来源于师哥师姐。由此可见，朋辈群体是留学生行前思想教育工作中可以依靠和拉拢的重要力量。通过经验分享和案例分析等形式，吸引留学生朋辈群体加入留学生行前思想教育工作，逐渐形成留学生学生干部梯队，既能够有效架起教育者与留学生之间沟通的桥梁，又能在不理想的思想教育关系中起到润滑剂的作用，对于提高留学生出国前思想教育的实效性具有重要作用。

二、留学中——以使馆工作人员带动公派教师为主体

随着留学生出国学习，思想政治教育场域也相应地发生了地理变化，国内以思想政治理论课教师为主体的教育队伍必然随着留学生这一对象群体的地域转变而做出调整。使领馆是我国于海外其他国家设立的官方组织，负有维护中国海外公民切实权益的责任，这其中包括留学生群体的切实权益。因此，驻各国使领馆理应关注中国赴海外留学生思想状态，重视针对留学生开展的思想教育工作。所以，留学生思想教育在海外视域下主要由中国驻相应国家的使领馆负责，设置专人负责留学生的思想教育，为他们提供经费支持和日常关照，并积极与当地公派教师、华人社团和留学生自治组织保持密切联系，从而在海外视域下发挥思想教育主体的核心领导作用。此时思想教育实施者主要以公派教师群

体为主，但不限于此，也可以联合国外留学生参与的各种社团组织、学联组织。毕竟，在海外视域下开展思想教育活动集中教育的实施难度较大，因而需要以各学联组织为依托，利用学联组织与留学生群体交流的便利性，将思想教育内容融于学联组织日常开展的活动中，发挥隐性思想教育的潜移默化作用。以疫情防控期间学联组织发放“健康包”为例，通过特殊时期的关怀与帮扶，在发放“防疫健康包”的过程中了解留学生心理动态，及时发现问题并进行心理疏导和思想引导，可有效预防一些不必要问题的发生，在无形之中发挥思想教育效用。

需要明确的是，并不是所有的公派教师或者使领馆工作人员都符合海外留学生思想教育主体的要求。在一定程度上，思想教育者决定了思想教育的效果如何，因为其本身对于教育对象来讲就是一种表率。所以，相较于其他教师或者工作者，思想教育者必须具备更为全面的综合素质。具体来讲，使领馆工作人员及相关公派教师作为思想教育者必须满足以下两方面的要求。

一是中国赴海外留学生思想教育者必须具备良好的政治素质。政治素质是教育者政治立场、政治信念、政治观点和政治纪律的综合表现，教育者的政治素质直接决定着教育者的教育理念以及教育行为。首先，良好的政治素质要求思想教育者在复杂的国际舆论场域中，知道什么该讲、什么不该讲，以及在讲的过程中必须坚守政治立场不能偏，确保留学生在“师夷长技”的过程中“姓中”而不“姓外”。其次，良好的政治素质要求思想教育者在开展教育活动的过程中必须坚持正确的政治观点。比如涉及国际政治话题时应该坚持正确的政治立场，只有站对政治立场，其分析的观点才能正确，其输出的价值观念才具备思想教育该有的意义。再比如，与留学生的交流过程中敢于理直气壮、有理有据地驳斥各种不当不实言论，帮助留学生认清各种社会思潮传播发展的动机和目的、实质和危害。① 尤其是面对关乎祖国核心利益的衍化言论，要善于剖析，从留学生对话题感兴趣的点切入，然后扩展开来，将事件的性质、原因和发展势态讲清楚，有理有据、以正视听。最后，良好的政治素质要求思想教育者在不断增强“四个意识”的基础上，在具体教育实践活动中严格遵守政治纪律。例如，思想教育者不能为了拉近与留学生之间的教育关系而没有原则地迎合留学生的喜好。毕竟，没有政治纪律的教育活动行之不远，如果思想教育者连基本的政治纪律都守不住，那么思想教育的引导作用便是徒有虚名。

二是中国赴海外留学生思想教育者必须具备成熟的管理能力。管理能力在一定程度上决定了思想教育的广度与深度。国内留学生相对集中，无论是以学院为单位还是学校为单位都利于组织和管理，但国外留学生分布更为分散、表征更为多元。所以，海外视域下的思想教育者不同于国内视域，其需要兼具教育与管理的双重能力。具体来讲，海外思想教育者的管理能力主要取决于应急处理突变能力和组织学生的工作能力两方面。首先，应急处理突变能力是指海外视域下思想教育者遇到风险和突发情况时，能够及时而又灵活地进行处理、未雨绸缪，以主动姿态和正确方式防范化解中国留学生可能遇到的潜在风险，从科学管理的角度把风险消灭在萌芽状态。同时，在不可控风险发生时，思想教育者需要与留学生们始终站在一起，主动迎战，敢于担当，切实做到守护祖国、守护学生、守护同胞。总之，国外环境变幻莫测，思想教育者作为留学团队中的引领者，应始终保持备急备险的觉悟，保持随机应变的状态，防微杜渐、防患于未然。其次，组织学生的工作能力是指海外视域下思想教育者应该具有团结一切可以团结的有益力量，更好地调动各方

---

① 王永友，胡義．思想政治理论课教师树人之本：政治底线、理论底子、能力底气［J］．思想理论教育导刊，2019（8）：68.

面积极因素的能力。这就要求该教育主体在教育实践中始终坚持以留学生正当利益为中心，了解留学生切实所需，及时解决留学生面临的棘手问题和现实难题，将服务留学生置于教育工作之前，借此疏通教育者与留学生之间的思想教育关系。换言之，通过服务关系的建立拉近教育主体与教育客体之间的距离，进而将思想教育者的服务功能转化为教育功能，更有针对性地聚焦留学生的成长和发展，更好地汇聚思想教育“全员、全过程、全方位育人”合力，达成思想教育立德树人的根本使命。

三、回国前——以学历认证人员对接学联组织为主体

中国赴海外留学生的思想教育工作不可能一蹴而就，这注定是一项跨国界的持续性的系统教育工程。在这一持续性教育活动在开展的过程中，既不能复制粘贴似地在每一阶段开展“流水账”一样的思想教育，又不能不区分不同阶段教育的实施主体，更不能出现各阶段思想教育主体互相脱节、衔接断层的现象。任何一个环节的错漏或者脱离，都可能造成留学生思想教育这项系统工程的链条不能有序运转，造成这场核心教育的主题与实际相脱离。这就要求中国赴海外留学生思想教育各阶段的教育主体握好“接力棒”，以“接力赛”的形式合力完成教育任务并最终达成思想教育目标。

一是发挥国内学历认证人员的工作优势，协同留学生联合会等相关组织做好宣传服务和引导教育工作。学联组织是由海外留学生组成的联合会，主要负责组织文体娱活动、日常事务服务、职业招聘宣讲等工作。在中国赴海外留学生的毕业期也就是回国前，各大高校留学生联合会发挥组织招聘会和宣讲会的功能，以留学生回国前面临的实际问题为中心，宣传介绍国内具有优势的就业环境，引导更多优秀海外留学生积

极投入祖国的建设事业中。例如，每年“博士人才网”会与海外各大学联组织携手合作。以 2020 年为例，“博士人才网”携手牛津中国学联、慕尼黑公派学联、圣彼得堡中国留学生会、符拉迪沃斯托克留学生会等学联组织，为中国留学生归国就业做好政策宣传和职业推荐，在留学生群体间颇受欢迎。留学生回国后需要在教育部留学基金委备案毕业证。学历认证人员可以利用关系留学生核心利益的环节，即在留学生的相关证件认证或者换证之前，对留学生的思想状况加以关注考核或教育培训。教育培训类似行前培训，只不过行前培训的时间是赴海外留学之前，教育培训是留学生归国之后；但教育主体与行前培训主体相同，教育对象是拟出国留学生和已回国留学生的区别。具体实施为在留学生归国后对其进行教育培训并备案记录，如果留学生没有主动参加教育培训环节，那么就要发挥学历认证人员的工作优势，将认证与考核挂钩。考核内容包括国外思想动态表现、就业职业规划等。如在考核过程中发现留学生有发表过不明言论的行为，则会直接影响其学历认证。通过这样的举措，既能够有效规范中国留学生的思想行为，又能够做好留学生归国前后的引导教育工作。

二是必须坚持分级统筹，防止留学生思想教育全过程三阶段出现重复性工作。首先，思想政治理论课教师（国内思想政治教育者）与公派教师（国外思想政治教育者）要分工协作，紧密结合不同阶段尤其是留学生回国前的心理动态和实际需求，发挥最后阶段思想政治教育的“强心剂”作用。其次，思想政治理论课教师与公派教师要交流合作，在突出各阶段教育主体责任的同时，着力统筹好本阶段与相邻阶段留学生具体状况这两个大局。既要负责好所属阶段内留学生思想教育的主要内容，又要联系上下阶段内留学生思想教育已经接触和可能将要接触的内容，做到前后关联、上下衔接、有的放矢。

三是精准推进、分类施策，抓好留学生回国前的关注话题和需求话题展开思想教育。在这一过程中，一方面要区分公派留学生、项目资助留学生、自费留学生以及访问学者等不同类别，有针对性地开出思想教育工作“药方”，确保“一把钥匙开一把锁”，解决留学生群体回国前面临的共性问题，同时精准解决每一类留学生群体的合理个性问题；另一方面要聚焦爱国主义思想教育的主线，紧紧把握思想政治教育“立德树人”的总要求，结合不同类别留学生特点，抓好分类指导和精准施策，建立教育清单，确保思想教育工作抓在点上、抓出成效。

第二节　完善教育内容：实现留学生思想教育立德树人

中国赴海外留学生群体中出现的各种问题催生了留学生思想教育。这些问题存在于留学生学习发展的各个阶段，蕴含着留学生个体不同阶段发展的具体需要。所以，制定中国赴海外留学生思想教育内容，首先要关照留学生群体不同阶段发展的需要，从解决问题和缓解冲突出发，针对不同阶段、不同类别留学生群体面临的具体问题，制定相应的、具有针对性的教育内容。基于该逻辑思路，中国赴海外留学生思想教育初步分为三个层次，即留学之前的教育内容、留学过程中的教育内容、毕业阶段即回国前的教育内容。其中，留学前的教育内容旨在通过开发留学生课程思政体系，为准留学生做好全方位的行前准备；留学过程中的教育内容意在把控留学生思想动向，在国外场域守住留学人员的思想阵地；回国前的教育内容通过及时向处于毕业阶段的留学生群体普及国情发展现状与国内就业政策，引导留学生学成归国，进而助力留学生回国后的再社会化过渡。

一、留学前——以课程思政做好行前思想教育

调研发现，大部分中国赴海外留学生尤其是低龄留学生在国外求学的过程中，会面临语言交流障碍、学习模式不适、生活习惯差异等问题，加之异域环境尤其是资本主义国家精致利己主义生活的影响，一些意志不够坚定的留学生承受着极大的心理压力，很容易陷入各种问题之中，甚至由此引发言行不端等问题。所以，在中国学生赴海外留学前，我们有必要也有责任对其进行系统的思想教育，使其在出国前有一个专业而又全面的行前准备。当前阶段，我国留学生教育管理工作主要集中于行前培训，培训焦点多集中于留学生的安全教育和跨文化适应，对留学生思想教育的相关工作开展较少。以中国留学服务中心于 2020 年 11 月面向海外留学人员举办的“平安留学伴你行”云端培训活动为例。该行前培训邀请了来自外交部、疾病防控中心、高校、律师事务所以及社会教育机构等组织的知名专家，培训内容主要集中在海外留学人员关心的领事保护、疫情防护、心理调适、法律援助、安全防卫等方面。但是关于中国赴海外留学生的思想教育大多停留在引导方面，倾向于从宏观层面以讲座形式向中国赴海外留学生展现和传输积极的人生意义。这一现象的存在，一方面是由于我国教育系统目前对于留学生思想教育的重视不足，在教育系统内未能形成系统而又专业的留学生思想教育工作体系，因而行前思想教育缺乏参照难以施展；另一方面，部分高校即使认识到留学生思想教育工作的必要性，但他们对留学生开展的思想教育仍未脱离传统意义上的灌输与说教，教育内容停留在传统思想政治教育的三观论，未能结合留学生实际面临的诸多思想问题，因而开展的教育实效性不足。

由此形成了当前中国赴海外留学生出国前思想教育碎片化的现象，

主要表现为两方面。一是行前教育缺乏系统性。目前我国留学生行前教育培训的重点内容集中在文化和安全两大层面，意在通过培训达到维护留学生海外学习期间的基本人身安全、促进留学生尽快适应文化差异的目的。但人的社会生活是诸多关系的集合，海外留学过程不仅仅包含安全和文化两种元素，还会有诸多元素共同融合于主体人（留学生）的生活中。尤其是在异域环境下，人的生活环境所包含的元素更为复杂。通过访谈结果分析我们了解到，在海外学习生活期间，中国留学生和国外学生感兴趣的元素分别如图 5-2 所示。由于这些元素的意义并不都是积极的，所以，在与国际友人的交流中，如何将中国文化巧妙地内嵌于国外学生感兴趣的中国元素中，以及如何介绍中国留学生感兴趣的国外焦点元素并分析此类焦点元素对中国留学生造成的各种潜在影响，这都是行前思想教育需要考量的重点。例如，有 62%的国际学生对中国的美食感兴趣。那么，中国留学生在与国外友人交流的过程中，如何将中国元素有机融入中国美食中，从而以中国美食为载体做好中华优秀传统文化的传播者，这也是行前思想教育需要关注的内容之一。为此，编号为 S32 的受访者为我们提供了一个思路："以'食'会友，介绍中国特色食物，比如传统节日像中秋节会邀请朋友来家里做客，邀请他们品尝月饼，介绍月饼的由来。"① 总之，中国留学生在国外学习生活中会遇到方方面面的问题，这些问题不是行前教育中的安全和文化教育所能完全解决的。同时，思想教育在留学生留学前、留学中和回国前的整个留学过程中的缺位和碎片化，导致留学生在海外学习生活期间遇到除基本的安全常识和文化风俗之外的诸多思想、心理和交流等问题时无所适从，因而不可避免地发生各种冲突矛盾和问题。二是行前教育针对性不

---

① 于 2020-07-25 摘自与留学生 S32 的访谈内容。

强。目前中国赴海外留学生思想教育未能根据留学生各阶段的具体需求及时增添具体内容，这就使得留学生行前思想教育逐渐趋于边缘化，难以满足留学生群体的个性化需求，也难以达成思想政治教育“立德树人”的根本使命。

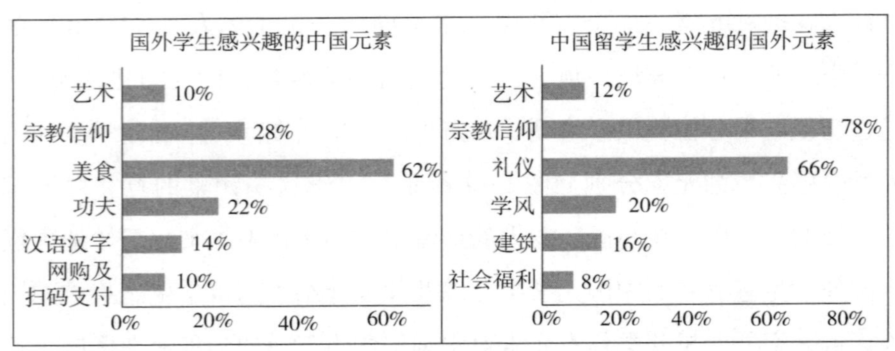

图 5-2　国外学生以及中国留学生的兴趣元素分布

为辅助留学生管理部门全方位做好行前准备，积极发挥思想教育效用，本书逐步探索并开发出一套中国赴海外留学生思想教育课程体系，将中国赴海外留学生思想教育工作概括为“一本书、一门课程与一个阵地”。首先，一本书（教材），是指针对中国赴海外留学生的思想教育课本。教材是教育质量的关键因素之一。[①] 通常来讲，教材不但会界定教师教的任务，也会界定学生学的任务。因此，以创建培训课本（教材）的形式将留学生思想教育的标准、规范、目标和要求做出明确规定，有利于推动中国赴海外留学生思想教育实现科学化和规范化发展。教材内容在契合思想政治教育“立德树人”育人要求的基础上，可以根据已出国留学生给出的行前准备建议，对行前教育内容查漏补缺，形成以思想政治教育教材为基础，以具体现实问题为依据，以成功

---

① 张晓勤．新世纪高等教育改革探索［M］．南宁：广西人民出版社，2004：338.

案例为借鉴，以已出国留学生的提议为补充的新式教材。其中，以已出国留学生的提议为补充，是因为已出国留学生以过来人的身份提供的宝贵经验，对于留学生出国后少走弯路、尽快适应国外生活具有重要的借鉴意义。如图 5-3 所示。

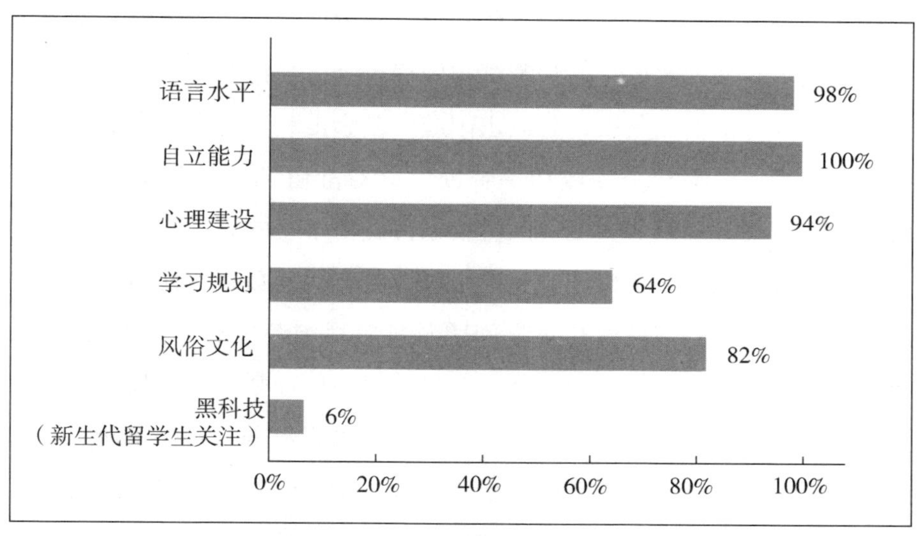

图 5-3　受访留学生给出的行前准备建议

其次，一门课程，是讲、读、做三者相结合的实践课。实践课可以由中国留学服务中心做出统一要求，由各高校毕业指导办公室、学生处负责组织，由马克思主义学院派出教师，由各院系辅导员具体监督拟出国留学生按时参加课程，从而形成中国赴海外留学生行前思想教育的体系化。这是因为对留学生开展行前思想教育，需要有重点的分阶段进行。中国赴海外留学生在出国留学前要经过的主要阶段包括准备期、申请期与派出期，以留学生出国前一般会经历的这三个主要阶段为阵地，对拟出国留学生进行教育和考核。具体来讲，一是出国留学前的准备期，主要是留学事项的咨询。咨询机构包括留学服务中心、留学中介以及留学论坛等。随着网络通信的日常化，相较于留学服务中心，留学生群体对留学中介和线上论坛服务的关注度更高。因此，这一时期的留学人员基本素养考察主要依托留学生生源学校，同时协同留学中介及线上论坛，以此做好跟踪、调查和信息反馈，反馈内容集中在思想动态和心理状态，主要目的是加强出国条件和程序等方面的层层考核。二是出国留学前的申请期，主要是入学测试与资格审查。申请期分为公派出国与自费出国两种情况。其中，公派出国应由基金委或者提供资金支持的相关协会负责。留学基金委或相关资助协会对准留学人员基本条件测评时，语言标准不应该成为测评的主要条件，留学生的思想素养状况才是测评的关键因素。自费出国则主要由民办中介机构负责。面对部分中国赴海外留学人员存在的言行不端问题及其对祖国产生的严重不良影响，留学中介理应自觉承担社会责任，在相关培训中加强与各高校、政府相关部门的沟通协作，留意准留学人员的基本素养水平，并在发现问题时及时反馈。三是准留学人员的派出阶段，该阶段的主要工作是最终核实与行前教育。这一时期应由教育部相关部门依据各行业的具体情况进行再次筛选考核，此时行前教育培训不应只局限于安全教育和文化科普，思想教育在此时更需要提上日程。例如，在行前教育培训中应当加入通识性和特定性的爱国主义与国家安全保密教育，兼顾道德范畴与法律范畴，教导留学人员哪些可以做、哪些不可以做以及哪些绝对不可以做，使其真正认识到自我命运与国家命运休戚相关，自觉担当起作为一名中国赴海外留学生的神圣使命。

此外，关于针对中国赴海外留学生进行思想教育教学的环节设定，吉林某 985 高校的“试验班思政班主任”制度可供我们借鉴。自 2009 年起，该校马克思主义学院选取精干力量，以优秀试验班为教学对象（这些教育对象有很大一部分都是拟出国继续深造的潜在留学生群体），兼顾能力培养与思想提升，创建实施拔尖人才试验班思想政治理论教师班主任制度（简称“试验班思政班主任”）。担任“试验班思政班主任”的教师随班指导学生，在指导学生的一系列实践活动的过程中了解学生的思想实际情况，进而有针对性地为学生们答疑解惑。2017 年“试验班思政班主任”制度八周年时，试验班思政教师团队在试验班毕业生和在校生群体之间展开反馈调研。此次调研的目的是获悉“试验班思政班主任”制度的教学效果和质量。通过调研反馈获悉，很多已经毕业的学生都表示作为该项制度的受益者，获益匪浅。其中，一位正在海外留学的同学在反馈信中不仅总结了该项制度的优缺点，而且表达了他对“试验班思政班主任”制度的认可，同时结合其自身体验提出了许多针对性的改进建议。比如，授课教师要以多话题、多角度的方式进行内容讲解，以及师生之间围绕课堂主题多进行有效互动等。该同学在校时的“试验班思政班主任”李老师接到回信后深受触动，并及时对该同学提出的问题和建议一一进行了回应。由此，一场来自教师与留学生之间的思想交流就此展开，这次“思政课”的海外回响带来的影响也在一定程度上显示着学生反馈对于改进工作的重要价值。该案例中，无论是师生之间的密切联系与及时回应、课程组织模式设置与课程教学的后期跟踪调研，都为设定中国赴海外留学生教育教学环节以及创建培训中心提供了有益借鉴。毕竟，中国赴海外留学生思想教育工作不是单靠一支思想政治教育教学团队就能完成的。因此，中国赴海外留学生思想教育需要建立专业而又固定的教育培训中心，形成以各高校马克思主义学院为中心的“一院两处”的教学体系，同时加快推进“一本书、一门课程与一个阵地”的留学生思想教育课程体系的建设进程，并兼顾国外教育场域，加强后续动态跟踪，充分了解留学生出国前后的思想变化动态，以期形成体系化教育链条，最终达成立德树人的教育使命。

除此之外，对中国赴海外留学生进行思想教育，还要考虑留学生的年龄层次及其留学所在地的不同。例如，在对中国赴海外留学生开展共性思想教育的基础上，针对出国留学人员中的访问学者以及低龄留学生进行的思想教育内容也应该有所对应和区别。也就是说，对中国赴海外留学生开展思想教育的内容和方式，应该与受教育者的基本情况相对应，应该在其认知水平内进行，应该针对不同群体不同状况做出相应调整和侧重。同样，留学生所赴不同留学地区的文化价值理念亦有所区别。总之，基于以上考量，行前思想教育内容不该千篇一律，而应该在尽可能地综合考量各种重要因素之后，有重点有针对性地进行教育和培训。

二、留学中——以问题为抓手把控留学生动向

把握留学生动向，是指在国外教育场域下，对中国赴海外留学生的思想方面加以动态把握。对中国赴海外留学生进行思想素质的动态关注和及时教育，是留学生思想教育的海外延伸，是守住留学生思想阵地的关键环节，亦是对留学生出现不端言行及时制止的有效方式。这一环节主要由中国驻相应国家的大使馆负责，具体教育实施者可以是公派教师群体或国外的各种爱国（中国）社团组织，并以对接中国留学服务中心、高校毕业指导办公室、马克思主义学院指定的专项对口教师团队的形式，对身处国外教育场域的中国留学生进行系统的思想教育和引导帮扶，最终形成常态化的链条式思想教育机制。具体来讲，这一教育机制主要由以下三部分组成。

首先，日常思想动态关注，对海外留学生日常思想变化加以动态把握。对海外留学生加强日常思想动态关注就是要解决中国赴海外留学生

群体的多元、多层次及其需求的多样性与目前缺位的思想教育工作体系之间的矛盾。通过关注和分析留学生群体的思想和心理状态变化，了解其具体现实需要和迫切现实困扰，这有助于思想政治教育者贴近留学生群体、熟悉留学生特性、走进留学生内心，更有助于思想政治教育者寻找对留学生进行思想教育的切入点，为开展留学生思想教育奠定良好的情感基础。

其次，具体问题具体分析，对海外留学生及时展开针对性思想引导。基于日常关注与海外留学生建立起的情感链接，针对具体问题对留学生及时展开思想教育引导。这种针对性的思想教育引导主要分为（但不限于）两种状况。一是特殊事件发生时，即在特殊事件发生的阶段时间内对留学生及时做出相应提醒并展开进一步思想引导。比如疫情防控期间，通过与海外留学生之间的日常沟通，及时了解留学人员面临的诸多实际学业难题和复杂生活处境。与此同时，针对海外留学生面临的实际困难，找到与之相对应的解决方式，对其做到及时提醒、有效帮扶和心理疏导。此外，为保障中国赴海外留学生基本权益、解决留学生实际困难，我们国家提出了一系列举措，这也为关键时期开展中国赴海外留学生爱国主义思想教育带来了有利契机。比如，疫情防控期间的“健康包”派送，既是开展留学生思想教育的重要载体，也是对留学生进行思想引导的重要时机。二是不端言论出现时，即在部分留学生不端言行初露端倪时，对其及时开展必要的思想教育和认知纠错。这就需要对海外留学生的思想变化有一个持续性的日常关注，以此尽可能地减少或规避资本主义腐朽意识形态和价值观念对中国赴海外留学生的侵蚀与渗透，增强留学生对我国主流意识形态和民族文化、国家荣誉的认同感。

最后，构建思想教育体系，形成常态化思想教育工作运行机制。作为国内行前教育的一种延续和拓展，在国外教育场域提出及时有效的爱国主义思想教育工作体系，以此形成常态化的思想教育工作运行机制，不断加强海外留学生爱国、爱党和爱社会主义教育，不断加强海外留学生思想教育引导和心理教育疏通，不断助力海外留学生实现国内外学习生活的顺利过渡。可以说，常态化思想教育工作运行机制对于有效规范留学生言行，引导其树立正确价值观，激发留学生为国争光的昂扬斗志，进而不断为实现中国梦积蓄后备人才力量具有极为重要的现实意义。当然，以思想政治教育的方式在海外视域开展思想教育活动时，对留学生进行集中教育的实施难度较大，这就需要以各学联组织为依托，利用学联组织与留学生交流的便利性条件，将思想教育内容融于学联组织日常开展的活动中，发挥隐性思想政治教育潜移默化的作用。总之，只有形成常态化思想教育工作机制，才能及时发现留学生之间出现的不和谐问题，进而开展以问题为导向的针对性思想教育，并辅之以合情合理的引导方式，推动思想教育在实践中触及人心，从而及时引导留学生摆正定位、厘清观念。

三、回国前——以职业规划促进留学生再社会化

中国赴海外留学生回国前所处的阶段，正是留学生面临毕业、择业的关键阶段。但是，在经过一段时间的留学生活后，部分留学生会逐渐习惯甚至沉浸于异域文化中，多元文化碰撞和异域意识形态传播使得该部分留学生不可避免地受到一些腐朽文化和堕落生活方式的影响，表现出不同程度的拜金主义、享乐主义、利己主义倾向。这不但会导致该部分留学生在学业上贪图安逸、不思进取，而且也会影响他们的个人生涯规划和职业选择，比如，在职业选择时可能会倾向于“金钱至上”这一错误理念。因此，这一阶段的中国赴海外留学生思想教育必须融入留

学生职业生涯规划教育的相关内容，帮助中国赴海外留学生尤其是自费留学生树立正确的择业观和就业观，进而结合留学生群体的现实需求，鼓励和引导留学生学成归国的同时，促进留学生群体的再社会化过渡。

需要明确的是，这一阶段的中国赴海外留学生思想教育不是为了职业规划教育而教育。生硬地将职业规划教育加入思想教育体系中，会使留学生思想教育失去重点、乱作一团。当然，这一阶段的教育也不能忽视留学生的基本诉求，不能照本宣科地普及国情政策，生硬灌输正确的就业观与择业观，以免引起留学生群体的不满和反感。职业生涯规划教育是一门集心理学、教育学、管理学、社会学于一体的综合教育实践，于 21 世纪初引入我国。这一教育的理论基础来源均为西方理论，20 世纪 50 年代初，西方许多心理学、社会学的研究开始探讨职业行为与生涯发展的问题。[①] 如约翰·克朗伯兹（John. Krumboltz）的社会学习理论、铁德曼（Tiedeman）的生涯决定理论以及 21 世纪以来新兴的荣格同时性理论等。所以，单纯的职业生涯规划教育带有明显的西方特色，并不完全符合中国国情，也不完全契合中国留学生的就业问题。换言之，无论是历史文化背景的差异还是现实选择的具体倾向，都使单纯的职业生涯规划教育与中国留学生的匹配度不高。此外，基于西方理论衍生而来的职业生涯规划教育强调实现自我价值，追求个体幸福最大化，这与我国的集体主义观念存在偏差，不利于培育中国特色社会主义现代化建设的接班人，难以落实思想政治教育立德树人的根本任务。因此，在回国前的留学生职业生涯规划教育中，如若没有恰当的思想教育引导，只是带领学生进行职业规划，那么就可能出现只追求实现经济目标和个人幸福最大化的“精致的利己主义者”。

---

① 冯国涛，李晓秀．研究生思想政治教育与管理［M］．成都：四川大学出版社，2016：135-136.

基于此，有效开展思想教育与职业生涯规划教育的融合工作势在必行。这就要求国内负责留学生思想教育的思想政治理论课教师与国外以公派教师为主体的留学生思想教育队伍发挥协同育人作用，将开展留学生职业生涯规划课程有机融入思想政治教育体系中，并结合中国国情形成具有中国特色的社会主义职业生涯规划教育，在实际就业需求与人生价值之间找到一个平衡点，然后将选择权交予留学生手中，使每一位留学生的就业选择都能充满意义。例如，根据职业生涯规划教育的几个阶段，在指导留学生进行职业探索的同时融入正确的就业择业观，引导留学生树立职业理想；在系统讲述生涯规划理论的同时融入中西方国情对比、马克思主义中国化的最新理论成果，以及中国特色社会主义新时代我国经济建设取得的伟大成就，进一步增强留学生的四个自信；引导留学生及时更新对于中国国情的认知，带领留学生形成理性决策风格；在实践阶段带领留学生制订符合自身特点并融入正确价值观理念的职业规划，引导留学生自觉将个人的职业发展目标与国家和民族的发展目标结合在一起，将留学生思想教育作为职业生涯规划教育的重要依托和载体，实现职业生涯规划教育知识体系与思想教育体系的相互融合、相辅相成。

综上，在回国前对中国赴海外留学生开展思想教育的基本要求是遵循平衡协调发展原则，既不能重思想教育而轻职业规划，也不能只抓职业规划而将思想教育形式化，避免出现思想教育与实践指导“两张皮”的现象。也就是要把留学生思想教育与职业生涯规划教育有机结合起来，一并推进，进而在开展职业生涯规划教育的过程中唤醒留学生的初心使命，激发留学生报效祖国的担当情怀；要把留学生思想教育与指导留学生就业创业融合起来，推动思想教育与职业生涯规划教育互促互进，最终推动本阶段的思想教育落地见效。总之，中国赴海外留学生从国内到国外再到返回国内的留学过程，会经历多次的社会化适应，社会化转化顺利取决于有系统的和专业的心理指导与思想引导。也就是说，通过对中国赴海外留学生展开系统和专业的针对性思想教育，能够更有效地解决中国赴海外留学生的再社会化过渡难题，促进中国赴海外留学生实现再社会化过渡，形成中国赴海外留学生出得去、学得好、回得来、留得住的局面。

第三节 创新教育方式：链接留学生思想教育服务功能

教育方式是连接教育者与受教育者的实践中介，是教育者依据既定教育目的，将教育内容传递给留学生，并促进其内化于心、外化于行的具体操作方法。鉴于本书教育对象群体的特殊属性，中国赴海外留学生思想教育方式侧重在具体的个性化教育实践中总结创新，具有强烈的实践性、双向互动性和生活化特征，较之一般意义上的教育方式更为多元和务实。具体而言，中国赴海外留学生思想教育作为应用思想政治教育的分支，其教育方式的选取离不开具体实践，其教育方式生成也必然需要着眼于留学生群体所处的不同留学阶段和各种具体问题，并在教学实践、生活情景、自然状态下不断调整所得。总之，中国赴海外留学生思想教育的特殊教育方式更符合留学生群体，而且其内含的功能转化式教育更容易被留学生这一特殊社会群体所接受，因而教育方式更具信服力，教育效果更为显著。

一、留学前——以“反向内省”助力留学教育顺利开展

当前国内针对拟出国留学生开展的思想教育倾向于照搬传统思想政

治教育的理论说教，习惯于一种定式教育方法，侧重教育者口头理论灌输与课堂专题讲授，不能够很好地结合留学生群体的属性特征，亦无法兼顾留学生群体的具体现实需求，教学方式相对单一、缺乏创新。这样的教育方式很难在教育者与留学生之间建构一个合理而又契合的教育关系。长此以往，留学生在面对思想政治教育者时很可能产生抵触情绪，进而不会真正配合和接收思想教育，致使思想政治教育效果事倍功半。在这样的教育模式下，无论教育者还是受教育者，都会处于被动状态，本应发挥“未雨绸缪”作用的思想教育也很可能会变为“亡羊补牢”式的被动教育。比如，中国留学生在出国后往往会遇到诸多始料未及且本应该通过留学行前教育可以避免的难题，但行前形式化的思想教育难以发挥其应有功效，留学生群体对于行前思想教育内容也无法做到真正的入耳、入脑、入心，此时的思想教育工作介入疏导就是一种“亡羊补牢”式的被动教育。因此，拘泥于传统单一方式的留学生思想教育既有碍于构建合乎情理的留学生思想教育关系，同时也在很大程度上削弱了思想教育的信服力，由此给中国赴海外留学生的教育工作带来了极大困难。

综上，中国赴海外留学生思想教育要想落到实处、取得实效性，就必须打破传统思想教育方法，根据留学生群体属性，利用好新兴网络媒介，创新教育方式方法。具体来讲，准留学生出国前阶段，首先在传统集中培训这一教育形式的基础上，以培训班为依托深入了解留学生群体及其留学国或留学地区的具体情况和特殊需求。之后根据留学国家、留学专业、留学类别或留学需求等属性分别组成网络交流小组，教育者引导准留学生们借助网络交流留学心路历程、具体现实难题以及行前准备情况。留学生为达成共同的留学愿景而展开多方面、全方位的相互交流，此时教育者就可以开展具有针对性的群体思想教育。由此进一步增强留学生与思想政治教育者之间、留学生与留学生之间的讨论互动，充分调动准留学生的主观能动性，灵活运用新的具有代表性的留学案例，观察和分析留学生小组交流结果，并在交流互动中发挥隐性思想政治教育的育人功能。其次，主动占领留学生思想教育网络阵地，拓展留学生思想教育信息平台的新领域。网络信息化是当今时代的代名词，网络是现实场域在虚拟空间的一个延伸。在网络这个虚拟空间中，每个人的悲欢喜乐都能够体现得淋漓尽致。所以，想要抓住新时代留学生特征、了解新时代留学生面貌离不开网络媒体这个平台。这就要求思想政治教育者要主动占领留学生思想教育网络阵地，利用网络载体的便利性，增强思想政治教育的网络渗透和现实观照。最后，以“反向内省”的教育方式助力留学行前思想教育顺利开展。“反向内省”是先实践后反思，是指在教育过程中，教育者不直接讨论被教育者本人的案情，而是根据被教育者曾经的违法案例或者相似案例设计出一个自然的常规工作场景，让被教育者以第三方立场来讨论和评判教育者所设计出的他人案例，从而让他在评判他人的过程中审判了自己，在教育他人的过程中教育了自己，在追究他人的过程中也追责了自己的一种内省方式。① 将“反向内省”这一教育方式应用于出国前留学生思想教育工作中，教育者可以选取以往典型的留学生案例，将准留学生置于案例情境中，使得准留学生在“亲历”情境的过程中对案例做出遵从内心感受的评判。留学生在情境模拟做出评判的过程中必然会带来内心触动，进而影响着他们日后在留学过程中面临相似问题时做出的选择。这种将反思应用于实践的教育结果，无疑是思想政治教育发挥实效性的有力佐证。因此，中国赴海外留学生思想教育在追求教育效果的实在性与实效性时，要灵

① 高德胜，王瑶，王莹．隐性思想政治教育在犯罪人社区矫正中的运用［J］．东北师大学报（哲学社会科学版），2016（3）：88.

活运用“反向内省”与思想教育相结合的教育方式，并且以“反向内省”为主，将其贯穿于思想教育整个过程，真正发挥“反向内省”这一具有说服力且留学生群体乐于接受的实证教育方式，使留学生行前思想教育落地有声。

二、留学中——以海外服务协同教育方式建构互信关系

在海外留学场域内，对中国留学生进行思想教育的方式方法与国内有所区别。在留学阶段，面对成长经历不同、受海外环境影响深、多元价值观激烈碰撞的留学生，传统的以理论知识灌输为主的思想政治教育是行不通的。但是，在异域复杂的社会环境中，如果不能及时对中国留学生开展针对性教育，那么之后出现的问题尤其是思想问题将会变得更为棘手。这类问题不仅关系留学生个人综合素质的全面发展，更有可能对我们的国家形象与利益产生恶劣影响。然而在这一阶段，一方面由于中国留学生学习和生活的场域是在国外，国内思政课教师有鞭长莫及的无力感。如果在该阶段只是采取在线教育，那么效果不尽如人意，毕竟线上教育无法动态而又直观地了解留学生的思想状况，教育的实际效果会大打折扣。另一方面由于专业不同、科研压力大等因素影响，国外公派教师队伍也不能或者无暇对身边的每一位留学生进行持续的常态化关注。虽然处于信息时代的我们可以通过线上互动交流来了解彼此，但是寄托于虚拟空间的交流体验，远不如线下近距离接触带来的亲近感和存在感让人踏实。鉴于此，在留学阶段开展思想教育就需要针对留学生群体特性，积极争取并协同各教育主体，在海外视域形成整合化的育人网络平台，凝聚全方位联动、同向发力、多路并进的教育合力，推进并落实中国赴海外留学生思想教育工作及其实效性。

首先，整合育人网络平台，积极发挥多主体协同育人功效。思想政

治教育者有效协同、并肩作战，不仅有利于开展海外留学生思想教育工作，还对开展留学生相关管理工作具有重要意义。海内外教育主体协同发力，能够自觉强化思想政治教育意识，最大限度地实现思想政治教育的有效性。例如，在海外思想教育开展过程中，以公派教师为主体的教育队伍与使领馆工作人员以及国内思政课教师通过定期工作交流、互动探讨等方式，在协作中找出生活和工作中可以融入思想教育的切入点；之后由思政课教师在内的教育队伍共同论证分析，确保教育元素（切入点）的准确性、严肃性、科学性和合理性；在此基础上结合现实问题与学生特点，创新话语体系，丰富教学手段，大胆实践摸索，及时反馈总结；最终建立思政课教师对接公派教师的协同教育合作模式，并对教育实践环节和个体咨询过程中存在的思想政治教育元素进行深度挖掘，凝练一条契合中国赴海外留学生需求的教育主线。值得强调的是，在这样一个动态的、长期的教育过程中，协同所得的思想政治教育元素要避免简单生硬的搬套或者一语带过，而是要落脚于留学生的实际需求，从而形成一套规范的留学生思想教育教学体系。

其次，推进教育方式转化，建构互信基础上以服务功能向教育功能过渡的思想教育关系。中国赴海外留学生思想教育是以关怀服务为切入点，由服务功能向教育功能转化的过程。因为单纯的理论灌输教育对于留学生群体而言，不会被发自内心地认可和接受，所以思想政治教育者需要先从服务功能入手。比如，通过微信群建立留学生服务平台，从留学生的生活、学习等方面入手，切实解决留学生在异国他乡面临的生活、学习、心理不适等问题。通过服务功能同留学生群体建立信任、尊重和依赖关系，进而形成以互信为基础的思想教育关系。之后，由服务功能逐步转向教育功能，逐步将思想政治教育元素融入日常交流中。此时，于教育者来讲，留学生思想政治教育活动便可顺其自然、顺理成章；于留学生群体来讲，思想政治教育活动才真正具备亲和力和信服度。

以上协同育人方式与服务功能转化的育人方式都是从教育主体的维度展开论述的。除此之外，在留学阶段对中国赴海外留学生进行思想教育，还可以协同留学生家长、留学生所在社区以及相关学联社团等，吸引他们积极参与到留学生教育活动中，不断壮大留学生思想教育者队伍，由此形成全方位的思想关注、引导和帮扶。例如，留学生家长将孩子送到国外深造，并不意味着家长不再需要承担其他责任，同时家长也不应该把教育责任全部推给学校，而是要经常与孩子保持联系，在交流谈心的过程中及时发现问题，并与相关负责老师保持沟通，及时引导矫正留学生存在的思想和心理问题。再比如，海外学联组织应该发挥朋辈效应，在与留学生的交流互动中渗透关怀教育，将思想教育融于其中，帮助他们渡过跨文化不适应期和心理困惑期。心理困惑期是留学生初赴海外所处的一种心理迷茫阶段，如果不能及时对留学生的这一迷茫状态加以调整，心理迷茫就容易演化为心理抑郁，进而直接影响留学状态和留学进程。此时，华人社团、学联组织等朋辈群体加入教育帮扶队伍中，对于留学生积极整合无序心理状态和适应留学生活颇有助益。笔者通过访谈发现，除留学前已经体验过留学国家生活环境的同学之外，其他心理过渡期相对较短的同学的身边一般都有同学（学长、学姐等）、朋友的存在。如图 5-4 所示，有高达 97%的受访者表示，同学和朋友是其出国后接触频率最高的群体。所以说，朋辈群体是助力留学生实现国内到国外生活以及学习顺利过渡的有力推动者。

举例来讲，编号为 S6 的受访者表示：“过渡期半个月吧，因为是在日本，文化比较相近，除了语言障碍没有太大问题，在学校主要以英语

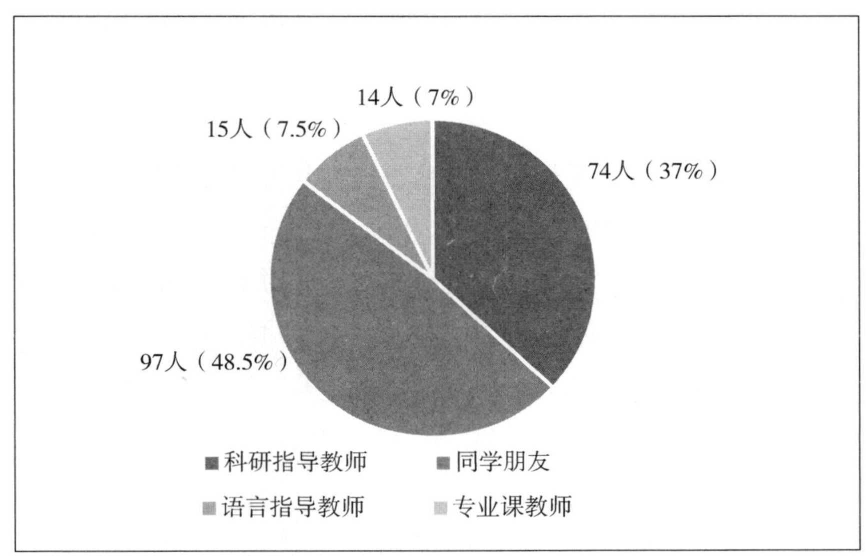

图 5-4　受访留学生出国后接触频率最高的对象

为主，关键是我这个课题组有一半是中国人，师兄师姐给了我很大帮助。”① 编号为 S40 的受访者也表示：“可以说是朋友帮助过渡适应的，我是去年十一月份来的，有很多国内早就认识的前辈在这边，所以生活上、心理上基本没有感觉到不适应。”② 由此可见，朋辈群体协助是助力留学生顺利实现“过渡状态”进阶为“有序状态”的关键因素。因此，留学生朋辈群体将是开展中国赴海外留学生思想教育工作需要积极团结和依靠的力量。

总之，对中国赴海外留学生进行思想教育是一个多主体、多层次、多途径的协作教育模式。③ 在留学生思想教育过程中，只有国内外联合行动，各教育主体协同合作，多种教育内容选择性融入，多种教育方式

① 于 2020-06-23 摘自与留学生 S6 的访谈内容。
② 于 2020-07-03 摘自与留学生 S40 的访谈内容。
③ 姚明，赵诤．中国海外留学生思想政治教育刍议［J］．东南亚纵横，2006（5）：74.

联合发挥作用，才能有效发挥思想教育效用，切实提升留学生思想教育效果。

三、回国前——以共情引导教育方式有效激发报国热情

中国作为世界上最大的留学生输出国，输出的留学生总数达世界留学生总量的四分之一。虽然近年来中国留学生留学归国趋势越来越明显，但较之留学输出人数，中国仍是全球人才外流严重的国家。中国学子走出国门，能够学习国外先进知识技能，接触先进教育资源，提升自身学识眼界，向世界展示积极的中国形象。但是，不乏很多留学生在留学后选择留在国外发展，而非学成归来报效祖国。一方面是因为国外优势资源发挥拉力作用，部分留学生倾向于更容易达成自身某些目标的选择；另一方面也有部分留学生沉浸于国外奢靡生活方式而不愿意回国的缘故。不论是哪一种原因，学成不归现象都会造成我国人力资源的损失。但是，中国赴海外留学生在毕业时期，也就是回国前这一阶段，是选择继续留在国外生活还是积极回国为国家建设发展做贡献，思想教育的积极引导不可或缺。因此，在中国赴海外留学生面临就业择业时，以同辈群体、榜样示范和软硬件设施优化为依托，以此发挥共情引导的教育方式，能够有效激发留学生学成报国热情。

首先，发挥同辈群体效应，引导留学生学成归国。人是生活于各种交互关系之中的社会体，中国赴海外留学生亦是如此。留学生的生活与学习均离不开的一个群体是同辈群体。同辈群体是个体成长发展过程中的关键因素，是个体从家庭逐步走向社会并逐步实现社会化的助力者之一。同辈群体是个体周边自发形成的小群体，该群体对于生活、学习以及未来职业选择等方面的不同倾向会对个体带来明显不同的影响。在留学生群体之间，积极的同辈群体文化对留学生的成长和发展具有正面影

响，能够为留学生提供正向的人际交往的机会；反之，消极的同辈群体文化对于留学生学习和生活会带来负面影响，是导致留学生群体背离社会主义核心价值理念的主要影响因素。因此，在这一阶段推进留学生思想教育，应该以爱国主义教育为主线，着力营造积极的同辈群体文化，并根据不同专业、不同时间节点发挥同辈群体渲染作用，推进思想教育在潜移默化中发挥引导效用。具体来讲，发挥同辈群体效应可以从以下三类具有代表性的同辈群体入手：一是党员留学生，发挥党员留学生的模范带头作用；二是学习模范生（如先进个人），发挥学习模范生的传帮带作用；三是已归国留学生，发挥已归国留学生的答疑解惑作用。总之，引导这三类学生做“老师”，发挥他们在学习、生活中的带动作用，用一言一行感染身边的留学生同学，可以自然而然地发挥同辈群体的正向引导作用。例如，以同辈群体交流会的形式，邀请已学成归国或者已经确定归国的留学生，与参与交流会的同辈分享他们的留学心路历程和归国体验感，用亲身经历讲述自己的留学故事以及学成归国的成就感和归属感，吸引更多同辈选择回到祖国发展。相较于一般思想政治教育教学，以“学生引导学生”“学生教育学生”“学生带动学生”的同辈教育方式辅助留学生思想政治教育工作开展，对于引导处于毕业阶段的留学生学成归国具有积极意义。

其次，发挥榜样示范作用，激发留学生报国热情。所谓榜样示范，即思想政治教育者向留学生群体呈现一个用于模仿的典范，并结合思想政治教育主题，引导留学生发现该榜样的道德吸引力，进而自发向其靠拢，积极学习和模仿其正向言行。换言之，榜样示范是以一种外化为行为的价值理念激励或者感化教育对象，使教育对象在感知榜样行为事迹的过程中，对其传输的理念能够发自内心的认可并达到共鸣，真正通过榜样示范明确内心需求并为之付诸行动，而不是简单的无任何感情基础的生硬模仿或者照搬复制。当然，榜样示范一般都呈现为正向的引导作用。亚里士多德认为“模仿”应该聚焦于渴望得到的、受人敬仰的善。由此推断，榜样示范教育必然是关乎特定品质且蕴含道德价值的。行为榜样因在很大程度上呈现了某些特定品质，其自身角色实际上转化为道德品质现实的提醒者，即唤醒学生特定的情感状态，以此作为产生模仿行为的必要刺激。① 但是，关于“榜样”的选择，必须遵循两个原则，即真实存在和实事求是。真实存在原则要求所选榜样必须来源于现实生活，具备有据可查的真实性和说服力；实事求是原则要求利用所选榜样进行教育活动时，必须尊重榜样自身，不能对其事迹或者所展现的品德夸大或缩小。至于思想政治教育者如何选择“榜样”，本书认为有两个基本方式。一是可以将选择权交予学生，鼓励留学生寻找自己的留学榜样，学生在了解和选定榜样的过程中会自然而然地被榜样所蕴含的精神力量所影响，并在相互交流和守护榜样的过程中，坚定内心选择，深化内心情感，强化内心认同。二是教育者可以根据留学生的不同专业，选出与留学生专业领域一致的留学前辈，基于同一专业平台拉近留学生与榜样模范之间的距离。例如力学领域的“两弹一星”功臣钱学森，其对祖国事业做出的卓越贡献以及高尚的人格品质，是我辈终身学习的楷模；中国核科学事业的主要开拓者朱光亚，为中国核科技事业和国防科技事业的发展做出了重大贡献，是激励新一辈青年人不断前进的领航人；地质领域黄大年教授学成后放弃国外优越条件毅然回到祖国，攻克技术瓶颈，突破国外技术封锁，勇追国际前沿科技，并担任高校实验班班主任，结合自身实际鼓励学生将个人价值与国家前途命运紧密联系在一起，以自身经历为案例发挥思想政治教育的潜移默化作用，鼓励青年

① 张彦，胡俊．品格教育中榜样示范的问题与回应：以亚里士多德美德论为考量视角［J］．道德与文明，2020（3）：106.

人才在加强国际交流的过程中同步提升思想素养，堪称新时代海归科技报国的楷模。总之，榜样示范在思想教育应用过程中起到了观念重塑以及心灵洗涤的作用。将榜样示范教育与留学生思想教育有效结合在一起，会赋予留学生思想教育工作一定的助推力。榜样示范教育赋予思想政治教育的这份助推力，是提升留学生思想教育效果以及促进思想政治教育学科实现长久科学发展的主要动力。

最后，优化回国软硬件设施，提升留学归国人员归属感。一是优化留学生回国就业创业的环境。如利用新兴媒体中介，与人力资源社会保障部、科技部等部门合力解决留学生学成归国过程中的重点难点问题，推进就业落户、学历认证等在线业务办理的专业化、效率化。二是构建留学生回国就业平台。例如，根据不同区域发展要求，参照国家以及地区人才引进政策，引导留学生了解地区发展建设要求和人才引进需求，并围绕重点建设项目，搭建留学生回国创业、研究以及合作的平台。三是做好海外人才引进和成果转化。例如“春晖杯”的举办，就是通过国内外项目交流，为留学生的创新项目提供国内实验交流平台，通过合作交流将留学生就业创业目光吸引到国内的有力举措。总之，多措并举优化中国赴海外留学生回国软硬件设施，为留学生营造更有利的就业环境，对引导留学生群体健康发展、吸引留学生早日投身中国特色社会主义建设事业具有重要价值。

第四节 健全制度体系：构建留学生思想教育保障机制

落实中国赴海外留学生思想教育工作，除以上分阶段的教育主体、教育内容以及教育方式的创新与整合之外，还需要构建全方位的保障机制。但是，中国赴海外留学生思想教育的保障机制，并非传统固定而又僵化的一般意义上的机构体制，而是更偏向于一种动态的、具有灵活反应且不断完善的柔性结构。只有通过这样一种可调节的机制平台保障留学生思想教育，该项教育工作的全面落实才能及时和有效。具体来讲，中国赴海外留学生思想教育保障机制揭示了该项工作各构成要素之间相互联系和作用的关系及其功能，是关乎留学生教育整体规划层面的重要机制模式，主要包含留学政策、法治建设以及长效机制三个层面。

一、优化留学生思想教育工作政策布局

教育对外开放是教育现代化的鲜明特征和重要推动力，大力支持中国学生出国留学是坚持教育对外开放的鲜明体现。一直以来，我国都将留学教育置于推进教育对外开放进程的重要位置。在中国留学教育的发展过程中，我国制定和出台了一系列促进留学教育发展的政策，为中国的留学事业指明了发展方向。作为国家公共政策的重要组成，留学教育政策是国家对留学工作该做什么、不该做什么、怎么做等方面做出的具有权威性、约束性的表述。① 例如，留学教育作为国家教育体系的组成部分，在国家针对教育改革出台的纲要中，有一个章节在教育对外开放层面对留学教育发展做出了明确要求。一是公派留学层面，完善制度建设为公派留学选拔创设条件；二是自费留学层面，加强政策引导与资助力度以规范和鼓励自费留学模式；三是留学方针层面，坚持“支持留学、鼓励回国、来去自由”的方针，不断提升留学教育服务与工作水平。可以说，留学政策是影响留学事业发展的关键因素，在很大程度上

① 佴永锦．我国现行公派出国留学政策述评［J］．江苏高教，2001（5）：101.

决定着留学人才培养和人才回流的数量。但是，留学政策会不可避免地受到来自时代发展、社会变革、国际环境以及时局倾向等方面的影响。对此，以改革开放以来的留学教育政策为例加以阐述。

关于中国赴海外留学生出国前的留学教育政策。1978 年，基于改革开放初期我国急需大量技术型人才的迫切要求，邓小平同志明确提出增派留学人员的指示，由此打开了改革开放时期中国留学教育发展的新局面。从 1978 年至 20 世纪末，我国就增派留学人员、留学人员管理工作、自费留学人员相关规定、设立留学咨询机构以及留学中介管理等方面颁布了十余份规定和通知。梳理该系列留学政策等相关文件，不难看出，随着我国留学教育事业的发展，我国对于留学教育及其管理不断走向规范化、精细化和科学化。比如，随着自费留学在人民大众之间认可度的提升，越来越多的人选择申请自费留学。针对这一现实状况，1982 年教育部、公安部等 4 个单位出台《关于自费出国留学的规定》及 1984 年国务院下发《关于自费出国留学的暂行规定》，放开了自费留学的限制，出国留学人员激增，留学中介随之发展起来。之后，为了规范出国留学中介机构的发展，1988 年国家教委（1998 年更名为教育部）又印发了《关于设立出国留学咨询机构的意见》。进入 21 世纪后，我国关于留学教育的相关政策进一步完善，关于自费留学生的有关规定也发布了内容更为翔实的实施细则，并为保障中国赴海外留学生的人身安全和基本权益出台相关政策支持。至此，随着各项留学政策的相继颁布，我国已然形成了较为完备的留学政策体系，并沿用至今。

关于吸引中国赴海外留学生学成归国的留学教育政策。改革开放初期，鉴于国内外经济发展的巨大落差，部分留学人员在出国学成后滞留不归。针对这一问题，自 20 世纪 80 年代开始，教育部就致力于吸引和争取中国赴海外留学生学成归国，并就留学生归国后的工作分配情况给出明确规定，以此缓解留学生回国后的就业焦虑，吸引更多留学生归国工作。进入 21 世纪，信息社会的发展瞬息万变，国际人才的重要性更加凸显。教育部结合新的时代要求，联合多部门从鼓励留学生回国就业创业角度出发，以通知和意见的形式经党中央和国务院批准后下发。并且，这一阶段为争取留学生尤其是优秀人才回国还采取了诸多后续措施，一是福利待遇方面，针对高层次赴海外留学人员加强和完善各项待遇福利，福利涉及工作、住房、家属以及子女等各个维度；二是归国就业创业方面，以中国加入世贸组织为契机，教育部联合多部门出台政策，旨在拓宽赴海外留学生归国后的就业或创业方式，工作方式涉及研究、创业、服务、中介以及兼职等多个层面；三是后续服务方面，对归国留学生的生活、工作、产权以及表彰等方面加强政策支持和资金支持；四是推出多项人才计划，在尊重留学生自主意愿的基础上，推出各种人才引进计划以吸引高层次留学人才积极投入祖国的建设事业。例如，中组部制定实施《引进海外高层次人才暂行办法》（中组发〔2008〕28 号），该暂行办法有计划地引进并有重点地支持 2000 名左右海外高层次人才回国（来华）创新创业。总之，为了吸引留学生学成归国，国家对于相关引进政策的制定和完善工作从未止步，一直随着形势发展在不断跟进，始终致力于为留学生学成归国创造优质就业环境。

随着中国特色社会主义进入新时代，国家对人才培养提出了新的要求，留学教育政策也随之呈现出更多的时代特性。这一时期，国家相继召开了全国教育工作会议、全国留学工作会议等，制定了“支持留学、鼓励回国、来去自由、发挥作用”的新时期留学工作方针，同时陆续出台一系列政策文件。可以说，针对近年来人才流失这一问题，我们一直在通过各种方式进行补救，包括出台系列政策，但政策实施效果却不尽如人意。例如，虽然近两年我国留学人员归国人数有所回升，但总体来看，留学归国人员所占比例仍然不足。再比如，疫情无疑给留学教育事业带来了巨大阻力和沉重打击，如何应对诸如疫情之类的“黑天鹅”事件，以及如何制定相关预警政策亦是新时期面临的重要难题。

基于此，新的历史时期加快和扩大教育对外开放成为时代趋势，我国出国留学政策也面临着新的时代任务。为了推进留学生思想政治教育工作进一步发展，也为了促进我国出国留学教育政策朝着更加科学化和制度化的方向发展，需要我们深刻把握其内部发展逻辑以及未来发展方向，从政策变迁的社会节点和内部结构出发，重点把握焦点问题。比如，展望将来发展形势，政府在政策制定层面应该充分结合国家战略需求并发挥主观能动性。并且，制定政策不是目的，以政策促进留学运行机制①的建立才是重点。发挥运行机制的调节作用，依据国家战略发展需求以及市场经济需求，把握需求变化的关键节点，及时调整相关留学政策。再比如，改革开放后，我国社会主义市场经济得以快速发展，随着社会变化加速，大学生面临的就业压力不断增大，于是在一些实用主义或功利主义导向下，“人皆知有用之用，而莫知无用之用”。所以，大学生在进行专业对比时多倾向于回报快且明显的理工科专业，这就造成了国家在派出留学人员的专业分布上不尽合理。② 所以，我国应出台相应政策合理调配留学专业，平衡社会科学和自然科学专业比例，引导留学教育生态的可持续发展。此外，我们要做好留学人员的思想政治工作，使其对祖国前途、民族命运怀有深切的使命感，③ 并将这一工作以

---

① 陈玥，毛立伟．我国出国留学政策变迁的基本逻辑及理性选择：基于历史制度主义的分析视角［J］．当代教育论坛，2020（5）：10.

② 蒙有华．当前我国留学教育的现状、问题及解决思路［J］．当代教育论坛，2005（23）：80-82.

③ 朱晓芳．浅析合作办学高校出国留学生思想政治教育的必要性［J］．当代教育论坛（管理研究），2011（9）：26.

政策的形式加以规范，由此加强留学生管理、吸引留学生回国、减少人才流失。

二、加强留学生思想教育工作法治建设

法治教育是指“通过有目的、有计划、有组织地引导社会成员学习法治理论知识，认清社会主义法治的根本性质，有效辨析社会主义法治和资本主义法治的本质区别，提升中国特色社会主义法治理论的认知认同水平，使社会成员能够形成符合该社会组织或群体要求的法治理论认同态度的一种教育活动。”① 中国赴海外留学生这一特殊群体的法治素养既包含了中国特色社会主义法治理论，又包括了海外留学国家或留学地区的法治理论。一方面，中国赴海外留学生对中国特色社会主义法治理论的认知程度决定了其在海外是否能够理性辨别各种行为的合法性。比如吸毒行为，澳大利亚某些街区会设立专门的吸毒室，但是中国留学生应该清醒地认识吸毒这一行为的违法性。在这种问题上能否保持清醒认知，很大程度取决于留学生的法治素养水平。另一方面，中国赴海外留学生对海外留学国家或者留学地区法治理论的认知程度直接决定了该群体的基本行为习惯是否符合以及能否适应留学国家的学习和生活。基于中国赴海外留学生自身所处的特殊社会地位和承载的特殊历史使命，对这一特定群体开展法治教育，是提升留学生法治理论素养以适应国外学习生活的迫切要求，是建设社会主义法治国家人才储备战略工程的现实所需。

但是，就目前针对中国赴海外留学生的法治教育现状来看，虽然在准留学生的行前教育中对法治教育有所涉及但重视度不足，留学生因法

---

① 何汉斌．大学生中国特色社会主义法治理论教育研究［D］．武汉：中国地质大学，2018.

治意识淡薄而出现的问题依然很多。就近年来部分留学生的不端言行来看，他们之中的一些人曾经也都怀抱着留学为国的热忱，最后却走上一条利欲熏心的道路。究其原因，一方面是因为留学生在海外学习期间被国外泛滥的物质欲望蒙蔽了心智，另一方面是因为留学生远在海外，缺乏适时的法治教育，法律意识淡薄。但不管怎样，这些留学生的违法犯罪及其不端言行都为加强中国赴海外留学生思想教育的法治建设敲响了警钟。因此，我们必须积极审视中国赴海外留学生法治教育工作中存在的问题，探讨解决问题的思路和方法，真正抓好留学生法治教育工作，及时更新并丰富思想政治教育理论体系和实践成果。

一方面，加强留学生法治教育建设，将法治教育作为留学生思想教育的重要组成部分。加强留学生法治教育建设，必须克服以往法治教育流于形式的弊病，对法治教育加以重视，将其作为留学生思想教育的重要组成部分。一是在行前法治教育部分的课程内容设计上，要秉持实用性和多样化原则。法治教育者应改变单纯阐释和解读留学国家法律条文的传统，以实用性为课程设计原则，以赴海外留学生的实际生活需要为出发点，假设赴海外留学生可能遇到的现实情景并以此为模拟场景向学生“演示”留学国家的法律条文，在实践演练中提高赴海外留学生解决现实问题的能力。同时，又不能忽略不同国家、不同地区法律体系的差别，并兼顾不同专业学生对于法治教育的不同需求以及现阶段各主要留学国家或地区法律环境的新变化，不断完善留学生法治教育内容。对此，可借鉴日本法治教育优势，针对留学生不同需求开设不同课程供留学生选择，提高课程多样化，因需施教，切实有效提高中国赴海外留学生法治教育质量。二是在留学生法治教育教学方法的选择上，要坚持灵活性和实践性原则。传统法治教育形式单一且逐渐流于形式，由法治教育工作者单方面向赴海外留学生灌输留学国家的法律条文，很难激发学生的学习兴趣，学生课程参与度和学习积极性不高，进而导致留学生法治教育见效甚微。对此，我们可以参考借鉴英国“苏格拉底式”的问题讨论学习方式，一改传统的倾向于理论宣讲的教育方式，创新教学方法，广泛利用社会资源如律师事务所等机构，为赴海外留学生创造社会实践机会、增加法治实践体验，在实践中提高法治教育获得感。三是加强法治教育队伍建设，提升教育主体法治素养。当前法治教育队伍既包括高校思政课教师又包括辅导员或班主任，既包括学校党政领导干部又包括团委老师。虽然这些老师具有坚定的马克思主义信仰、良好的道德修养、强烈的社会责任感和过硬的专业技能，但是就法治素养而言，以上大多数教育者存在国外生活经验不足、法治专业素养不高等问题。毕竟，其中部分教师既非法律专业又无法学背景，因而不能达到满足留学生实践需求的法治教育水平。所以，在新时代要想提高留学生法治教育水平，必须强化师资队伍建设，推进留学生法治教育师资队伍结构实现科学化配置。比如，在法治教育模块，以专业法治教师队伍为主力军，协同辅导员班主任队伍、留学生培训机构、资深律师事务所等，形成体系化的留学生法治教育团队。同时，注重既定留学生法治教育师资队伍的培养，定期组织专题培训会、交流学习会以及集体备课会，为法治教育者提供学习交流和相互探讨的平台，促进法治教育者之间的经验分享、资源共享和方法互鉴，以此提升留学生法治教育师资队伍的整体水平。

另一方面，明确法治监管底线，针对不端言行绝不姑息。天下之本在国，国之本在家，家之本在于每一个人。一个人不爱国，甚至欺骗祖国、背叛祖国，那在自己的国家、在世界上都是很丢脸的，也是没有立足之地的。[①] 正如习近平总书记给予广大留学生的寄语："不论树的影子有多长，根永远扎在土里；不论留学人员身在何处，都要始终把祖国和人民放在心里。"[②] 爱国作为一种情感态度，不能只是停留于口头，更不能将爱国置于口头上重视、行动上忽视的状态。所以，与其说爱国是一种情感态度，不如将爱国看作是一个综合概念。综合概念意义上的爱国既有情感表达，又需要实际行动；既要始终如一，又要合理合法；既要爱国爱党，又要与社会主义相统一。只有如此，爱国主义才是鲜活的、真实的。[③] 全球化背景下，一些西方国家借助本国某些优势极力阻碍文化民族化和多样化发展，在贬低他国文化的同时进行本国价值输出，旨在打压他国达到推行本国"普世价值"的不良目的。中国赴海外留学生作为全球化浪潮中的亲历主体之一，必须对此加以防范和警惕，坚决捍卫祖国利益。一方面，国家安全问题是事关国家安危和民族存亡的根本问题。国际形势变幻莫测，中国赴海外留学生身处国际环境中，难免面临资本主义敌对势力的渗透和诱导。这就要求中国留学生在海外学习和生活过程中必须增强国家安全意识，切实维护国家安全。这是作为一名中国公民应尽的职责，更是每一名中国公民都必须履行的义务。对此，《中华人民共和国保守国家秘密法》（2024 年修订版）第一章第五条作出明确要求："国家秘密受法律保护。一切国家机关和武装力量、各政党和各人民团体、企业事业组织和其他社会组织以及公民都有保密的义务。"因此，任何危害国家秘密安全、任何辱没国家利益的

---

① 习近平．在纪念五四运动 100 周年大会上的讲话［N］．人民日报，2019-05-01（2）．

② 习近平．习近平在欧美同学会成立 100 周年庆祝大会上的讲话［N］．人民日报，2013-10-22（2）．

③ 习近平．大力弘扬伟大爱国主义精神 为实现中国梦提供精神支柱［EB/OL］．新华网，2015-12-30.

行为，都必会受到法律追究。另一方面，祖国永远是海外中国公民包括留学生在内的坚强后盾。在海外疫情蔓延的严峻背景下，党和国家时刻挂念留学生的切身利益，国内国际两条战线同时展开，尽最大努力将维护好海外留学生的生命安全和身体健康落到实处。事实上，在任何时刻，党和国家都始终同广大留学生站在一起，都高度重视和关心留学生群体。同样，在任何时候，端正认知、与祖国同行也是每一位中国海外留学生的职责与本分。然而，反观部分留学生，蓄意发表不当言论诋毁祖国，这不仅于情不合，且于理不通、于法不容。因此，我们有必要采取一定措施对留学人员的不当言行问题加以约束和规制。尤其是在当前这个关键时刻，针对部分留学生的不当言行问题绝不能姑息，必须及时制止，果断处置。进而以此为契机，将规范留学生言行不端等问题条约化、制度化。比如，针对公派留学生，留学服务中心等部门应考虑将毁约项加入相关资助合约中，当留学生出现不当言论且拒不悔改时，应当视具体情况依据机制内部条约而相应地采取取消公费、收回培养投入等反制措施，并以各地使领馆为依托，以志愿服务组织为单位，形成留学人员言行监督和规范机制，对不端言行果断处置、绝不姑息。同时，跟进相关法律事宜，将辱国行为入法入刑，而不是等到叛国之后才定罪量刑。由此走出一条在法律框架约束下强化爱国主义思想政治教育的新路子，严格定规矩、精细抓落实，最终达到有效约束和规范留学生不当言行的目的。

三、构建留学生思想教育工作长效机制

中国赴海外留学生思想教育是一项贯穿整个留学过程，并影响留学生人生选择的系统工程，这项系统工程的实施需要一套长效机制作为有效保障。换言之，留学生思想教育工作长效机制是一套能够确保留学生

思想教育活动长期正常运行并有效发挥预期功能的配套制度体系。值得注意的是，长效机制并非固定不变的，在留学教育工作的发展过程中，长效机制是需要根据不同历史阶段留学教育面临的具体情况、具体问题和具体机遇而做出相应改变、调整或者完善的。构建留学生思想教育工作长效机制，对于一定时间内促进留学生思想教育工作的稳步推进、做好留学生思想教育的动态监测、完善留学生思想教育的查漏补缺具有重要作用。总之，在新的历史时期，推进中国赴海外留学生思想教育工作，需要将其置于中国特色社会主义新时代的大背景之下，纳入全面推进高校思想政治教育工作的重要进程中，进而建立完善的留学生思想政治教育体系，配置健全的留学生思想政治教育制度，设立覆盖国家、社会、学校三层级的机制群，以此构建留学生思想政治工作长效机制，保障中国赴海外留学生思想教育工作实现科学长久发展。

一是建立完善的留学生思想教育体系。体系是整体逻辑化的表现。留学生思想教育体系必然包含中国学生赴海外留学的整个过程，即从申请到留学最后到毕业归国。在整个过程中，思想政治教育是连接国内外教育的主线，思想政治教育内容是承接留学生文化过渡的主要部分，思想政治教育方式是协同国内外教育主体的主要依托。换言之，中国赴海外留学生思想教育正是将以上几方面合而为一的以整体形式出现、按具体模块分阶段进行的体系化教育。在对中国赴海外留学生进行常规思想教育的基础上，将日常思想动态关注、及时发现并对潜在问题做出预判、适时进行有针对性的思想教育等环节纳入留学生思想教育体系内，嵌入和补充到思想政治教育对留学生开展的学习、生活指导与帮扶工作中，是留学生思想教育体系展现活力与效用的重要体现。例如，教育者将留学生常用的社交软件（见图5-5）作为日常关注的抓手，通过成为留学生软件里的朋友，关注其日常分享、浏览习惯、点赞动态等，及时发现他们的关注热点、面临的焦点问题或者不良思想倾向，由此建立比较完善的能够保障留学生基本权益、解决留学生实际困难的思想教育体系。毕竟，软件当中隐含的信息，往往蕴含着留学生真实的思想态度。如编号为 S46 的受访者表示："在国外浏览网页时有看到对于我们国家的不实报道，这个时候我们会提醒身边人保持客观态度，不被不良或故意抹黑中国的媒体行为迷惑。"① 这一反馈不仅为我们完善留学生思想教育体系提供了有利角度，同时也为保障留学人员基本权益、解决留学人员实际困难提供了依托群体。即在体系化的留学生思想教育中，具有正向且稳定价值观的朋辈群体，是海外留学生思想教育过程中关键的助益力量。

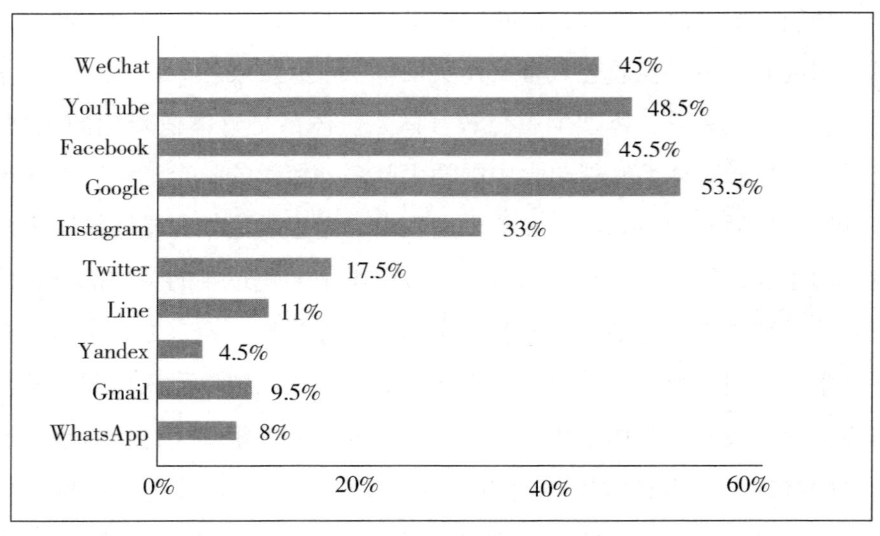

图 5-5 受访留学生常用社交软件

总之，只有形成体系化的思想教育，才能及时并全面地了解和发现

① 于 2020-07-28 摘自与留学生 S46 的访谈内容。

留学人员之间出现的不和谐问题，进而以问题为导向，辅之以合情合理的引导方式，推动思想教育在实践中触及人心、发挥实效。对于中国赴海外留学生而言，体系化的思想教育兼顾其学习、生活、交友、择业等方面的价值观确立；对于思想政治教育学科而言，体系化的留学生思想教育能够促进本学科实现全面可持续发展，有利于丰富学科内容体系，保持学科发展初心，实现学科发展使命。

二是配置健全的留学生思想教育制度。针对中国赴海外留学生开展思想教育工作，需要逐步构建与完善留学生思想教育相关制度，以此为留学生思想教育工作的持续和稳步推进提供重要保障。具体来讲，健全的留学生思想教育制度主要包括完善的培训制度、奖惩制度与评估制度。首先，完善留学生思想政治教育者培训制度。留学生思想政治教育者既包括专职思想政治理论课教师，又包含兼职公派教师、辅导员班主任等群体。在中国赴海外留学生思想教育体系中，他们在留学生日常管理中扮演着十分重要的角色，是留学生成长成才的重要引路人。因此，要有针对性地完善从事留学生思想政治教育工作人员的培训制度。通过定期培训，使其明确并认识到针对留学生群体开展思想教育工作的紧迫性与重要性，并掌握专业的思想政治教育工作方法，在具体教育工作中能够游刃有余，不断提升教育效果。其次，完善留学生思想教育奖惩制度。对典型留学生思想教育案例或者针对呈现出突出效果的留学生思想教育事迹给予人性化的适当鼓励，兼顾其物质需要与精神需要两方面的需求。从本质意义上讲，物质和精神需要的满足构成了人类对理想化社会的本质要求。① 一方面，物质需要是人类最原始的需要，关乎着人们日常生活以及工作中的切身需求。一定的物质保障与奖励使得受激励者

① 周晓光．马克思主义社会进步观研究［M］．哈尔滨：黑龙江人民出版社，2019：122.

比较容易具备直接的获得感与成就感，从而更能够调动其从事留学生思想政治教育工作的积极性和创造性。另一方面，人不仅有物质需要，还有高级的精神需要。在很多时候，一个人所得到的物质需要的满足，并不会使他们感到真正幸福，只有加上精神生活的满足和充实，才能引起他们强烈的幸福感。并且，精神需要的满足，更能够调动人的干劲和冲劲，由此激发出的积极性和创造性维持的时间也将会更长。例如，可以将优秀思想政治教育工作者或者工作团队的具体成功经验与做法形成案例材料，积极加以学习推广，形成示范效应。总之，一定的激励制度可以激发各类教育工作者的育人使命感与责任感，进而引导其并肩作战、共同前进，为推动留学教育事业发展而发光发热。同时，也要完善留学生思想教育相应的惩处制度，对有意边缘化留学生思想教育工作而造成重大损失的行为给予相应处罚。最后，完善留学生思想教育工作评估制度。教育评估作为思想政治教育过程中不可缺少的一个基本环节，是对教育活动及其结果进行分析和评定的过程。中国赴海外留学生思想教育基于对象、内容、方式以及场域等方面的特殊属性，其评估制度与一般意义上的思想政治教育评估制度有着明显区别。中国赴海外留学生思想教育是从留学生群体的现实需要出发，以个性化评估为标准，通过追踪留学生在教育活动中的即时表现以及后续转变进行阶段总结和反思，以此监测问题并及时调控教育方向，保证中国赴海外留学生思想教育工作的良性发展。

三是设立覆盖国家、社会、学校三层级的机制群。首先是构建国家层面的引领机制。引领机制处于统领地位，旨在明确留学生教育各组织机构（驻各留学国使领馆、中国留学服务中心、社会留学服务中介、高校国际教育交流中心等）对于留学生思想教育工作的职责所在，抓住学科特点，从现实需求出发，制定留学生思想教育的具体分工，在整体上对中国赴海外留学生思想教育给予明确的职责划分。其次是社会层面的咨询机构建设。咨询机构包括留学服务中心、留学中介以及留学论坛等。随着网络通信日常化，较之留学服务中心，留学生的留学意向咨询明显呈现为对留学中介和线上留学论坛更感兴趣的趋势。并且，自费留学生群体主要由民办的中介机构负责，但社会上的留学中介除了基本的出国流程安排，即便设立教育辅导，也仅限于外语辅导和辅助推荐，对于留学生思想教育工作缺乏动力和责任感。所以，针对中国赴海外留学生开展前期思想教育时，要有意识、有计划地提升留学中介等社会机构的责任意识，在相关培训中加强与各高校、政府相关部门的沟通协作。最后是高校内部的具体保障机制建设。高校内部的具体保障机制包括高校及其相关学生组织，通过发挥他们在思想教育过程中的主导作用，推进中国赴海外留学生思想教育工作顺利开展。其一，抓好高等学校职能分配。高校在分配整体教育事务时要认识到中国赴海外留学生思想教育的重要性，并在该教育活动开展的过程中，不断加强与各辅助机构部门的联系，使得宏观与微观层面协同并进，共同推进留学生思想教育工作取得新成效。其二，设立海外临时党支部。以国内高校党支部连接国外教育场域的临时党支部，国内外党支部协同发挥作用，积极争取发挥留学生群体中的积极力量。对此，可以借鉴华中科技大学与西安外国语大学这两个具体案例。美国《外交政策杂志》（*Foreign Policy Journal*）官网曾刊出一篇《中国共产党在全美多所大学建立政党支部》的报道，这篇报道引用了 2017 年发表在中国武汉华中科技大学网站上的一篇文章。文章题目是《一次特殊的组织生活——华中科技大学 UIUC 项目联合党支部特色活动》，主要讲述了从中国华中科技大学到伊利诺伊大学香槟分校参加暑期信息科学与工程（ISE）交换课程的师生，2016 年 7 月于校内霍金斯宿舍大楼三楼，在一面鲜红的中国共产党党旗下成立了临时党支部，并举行了党史专题活动。无独有偶，西安外国语大学针对海外留学师生人数较多这一实际情况，通过不断探索，建构了一套加强中国赴海外留学师生教育的管理模式。该模式主要围绕留学师生出国前、留学中以及回国后三个阶段建立教育管理长效机制。参照案例，以语种国家为单位，建立海外临时党支部或成立海外党小组，对于端正党员学生在高举思想旗帜、坚定政治立场等方面的认识，以及随时关注留学师生思想动态有着重要作用。通过访谈我们也了解到，目前境外的党员活动很少存在，而党员留学生的党组织关系一般会落到学校（未毕业交换生）、家庭所在地或者留学服务中心。如果由其党组织关系负责人联络，并将海外党员留学生号召起来，这对于降低工作难度、及时成立海外党小组来说具有极强的可操作性。其三，组建海外留学生交流互助组。留学生所在高校可以作为发起者，以各地使领馆为依托，建立留学生结对帮扶小组，搭建互帮互助平台。此外，海外留学生交流互助组还可以发挥海外留学生群体中的优秀个体的示范与带动作用。例如，选取中国赴海外留学生群体中较为活跃、能够发挥一定影响力的学生作为培养对象，深入留学生群体，充分发挥朋辈群体的影响力，以实际言行对培养对象加以正向引导，在具体的学习生活以及交流中潜移默化地散发思想政治教育的隐性教育作用。同时，发挥中国赴海外留学生中“培养对象”的带动、宣传和引导作用，还能够及时了解身边留学生的思想和心理状况，及时掌握他们的思想动向，有针对性、近距离地对其开展思想引导与疏通工作，从而更好地实现和落实思想政治教育立德树人的根本任务。

结 语

本书以问题为导向，考察中国赴海外留学生在思想政治层面暴露出的各种问题，解决中国赴海外留学生群体的多元化、多层次及其需求的多样性与目前留学教育体系中思想政治教育缺位之间的矛盾，通过借鉴历史经验、分析影响因素、挖掘问题本质，就出国前、留学中和回国前三个教育场域分别提出相对应的中国赴海外留学生思想教育对策。这既有助于规范中国赴海外留学生的言行，使其自觉抵制资本主义腐朽意识形态和价值观念的侵蚀与渗透，增强自身国家认同感，又有助于解决中国赴海外留学生思想教育的系列难题，实现思想政治教育国内国外全面覆盖，最终促进中国赴海外留学生思想教育在新的历史时期实现贴合时代需求的新发展。经过系统研究，本研究最终得出以下几点结论。

一是关于当前中国赴海外留学生思想教育的理性认知。作为中国精神文明建设的关键内容，思想政治教育以政治教育为核心，关注个体的思想、道德和心理状况，是引导思想观念和规范言行举止的综合教育实践活动。关注中国赴海外留学生的思想状况，发挥思想政治教育的规范和引导效用，是思想政治教育面对的时代课题。当前，针对中国赴海外留学生群体开展的思想教育存在诸多问题，或散落分布于留学前的培训讲座，或流于形式，既缺乏实质内容，又未形成系统化的教育体系。因此，强化中国赴海外留学生的思想教育，弥补因其“缺位”造成的各种问题，是当前思想政治教育面临的紧迫任务。

二是关于中国赴海外留学生这一社会特殊群体的正确定位。作为跨国交流的重要载体，中国赴海外留学生群体数量不断壮大，成为思想政治教育的重点关注对象。中国赴海外留学生是国家形象的代言人，在树立国家形象、增进国际交流、维护国家利益等方面发挥着重要作用。总体上，他们具有强烈的爱国主义意识，能够把个人前途与国家命运联系在一起。但受个体成长经历、海内外复杂环境以及多元价值观等多重因素的影响，部分赴海外留学生的价值观念变化不定，一些不端行为屡禁不止，甚至出现有辱国家形象的异常行为，这损害了国家形象与利益，造成了极为恶劣的影响。

三是关于中国赴海外留学生群体思想状况的调查分析。以问题为导向，通过跟踪调查和访谈等途径，以世界观、政治观、人生观、法治观和道德观为多元考察视角，充分了解并挖掘中国赴海外留学生群体的思想状况，探明该群体的现实需要和面临的现实困扰，寻求与该群体相契合的思想政治教育切入点。中国赴海外留学生在思想层面主要存在以下问题，即爱国言行趋于感性、文化认同参差不齐、政治态度相对保守、心理状态孤独失序以及法治素养较为薄弱。分析影响因素，挖掘问题本质，中国赴海外留学生存在的各种思想问题是留学生自身、留学教育管理以及海外复杂环境等多种因素交互的结果，具体表现为：留学生行前准备工作不充足、留学教育体系缺乏思想政治教育观照、留学应急管理机制尚未形成、国外负面舆情的不良诱导以及种族主义带来的多元文化冲突等。

四是关于中国赴海外留学生思想教育工作体系的提出。针对出国前、留学中和回国前三个教育场域，本书从教育主体、教育内容、教育方式和制度体系四个层面提出相对应的思想教育实践方案。中国赴海外留学生思想教育应分阶段落实，重在构建全方位的机制保障，最终形成系统化的思想教育体系。这能够切实解决中国赴海外留学生思想教育的系列难题，提高中国赴海外留学生思想教育的实效性，激发中国赴海外留学生的历史责任感与时代使命感，不断为实现中国梦积蓄后备人才力量。

总之，新时代落实中国赴海外留学生思想教育工作，不仅关系留学生自身发展的需要，更关系中国国际形象、核心利益与人才战略储备的需要。中国赴海外留学生思想教育研究，一是回应现实需求，切实解决发生于留学生群体之间的现实问题；二是落脚具体实践，提出具体方案以推进中国赴海外留学生思想教育进程。但由于中国赴海外留学生的分布范围广，受研究精力所限，在研究过程中不能对该群体展开详尽观察与调研。因此，本书梳理了中国赴海外留学生思想教育的历史发展脉络，从时代特征、政策支持及教育管理等方面寻求经验借鉴，并秉持重点问题重点突出的原则，着重分析以大学生层次为主要代表的留学生群体。如有不成熟和有待完善之处，敬请各位专家和读者批评指正。在后续科研工作中，笔者会持续跟踪与落实留学生思想教育考察，以科研回应现实，推动思想政治教育在实践中正面现实问题，提出更完备的中国赴海外留学生思想教育工作体系。

参考文献

一、著作类

[1] 中共中央马克思恩格斯列宁斯大林著作编译局. 马克思恩格斯全集：第1卷[M]. 北京：人民出版社，1965.

[2] 中共中央马克思恩格斯列宁斯大林著作编译局. 马克思恩格斯全集：第2卷 [M]. 北京：人民出版社，1957.

[3] 中共中央马克思恩格斯列宁斯大林著作编译局. 马克思恩格斯全集：第3卷 [M]. 北京：人民出版社，1960.

[4] 中共中央马克思恩格斯列宁斯大林著作编译局. 马克思恩格斯全集：第4卷 [M]. 北京：人民出版社，1958.

[5] 中共中央马克思恩格斯列宁斯大林著作编译局. 马克思恩格斯全集：第42卷 [M]. 北京：人民出版社，2017.

[6] 中共中央马克思恩格斯列宁斯大林著作编译局. 马克思恩格斯选集：第1卷 [M]. 北京：人民出版社，2012.

[7] 中共中央马克思恩格斯列宁斯大林著作编译局. 马克思恩格斯选集：第2卷 [M]. 北京：人民出版社，2012.

[8] 中共中央马克思恩格斯列宁斯大林著作编译局. 马克思恩格斯

斯选集：第 3 卷［M］. 北京：人民出版社，2012.

［9］中共中央马克思恩格斯列宁斯大林著作编译局．马克思恩格斯选集：第 4 卷［M］. 北京：人民出版社，2012.

［10］中共中央马克思恩格斯列宁斯大林著作编译局．资本论：第 1 卷［M］. 北京：人民出版社，1975.

［11］毛泽东选集：第三卷［M］. 北京：人民出版社，1991.

［12］邓小平文选：第二卷［M］. 北京：人民出版社，1994.

［13］邓小平文选：第三卷［M］. 北京：人民出版社，1993.

［14］习近平．习近平谈治国理政：第一卷［M］. 北京：外文出版社，2017.

［15］陈万柏，张耀灿．思想政治教育学原理［M］. 3 版．北京：高等教育出版社，2015.

［16］冯刚，郑永廷．思想政治教育学科 30 年发展研究报告［M］. 北京：光明日报出版社，2014.

［17］张耀灿．现代思想政治教育学［M］. 北京：人民出版社，2006.

［18］陈秉公．思想政治教育学原理［M］. 沈阳：辽宁人民出版社，2001.

［19］项久雨．思想政治教育价值论［M］. 北京：中国社会科学出版社，2003.

［20］骆郁廷．高校思想政治理论课程论［M］. 武汉：武汉大学出版社，2006.

［21］顾钰民．马克思主义理论学科建设和思想政治理论课教学研究［M］. 北京：中国人民大学出版社，2016.

［22］白显良．隐性思想政治教育基本理论研究［M］. 北京：人民

教育出版社，2013.

[23] 思想道德修养与法律基础 [M]. 北京：高等教育出版社，2018.

[24] 丰子义，杨学功. 马克思世界历史理论与全球化：马克思主义的当代价值 [M]. 北京：人民出版社，2002.

[25] 宋敏娟. 当代大学生马克思主义信仰教育研究 [M]. 上海：复旦大学出版社，2018.

[26] 缪克成，俞世恩. 民族精神 [M]. 上海：上海科学技术出版社，2010.

[27] 符惠明. 当代大学生民族精神教育研究 [M]. 南京：江苏人民出版社，2006.

[28] 舒新城. 中国近代教育史资料 [M]. 北京：人民教育出版社，1961.

[29] 王道俊，王汉澜. 教育学 [M]. 北京：人民教育出版社，1989.

[30] 顾明远. 教育大辞典 [M]. 上海：上海教育出版社，1990.

[31] 赵玉英，张典兵. 德育原理 [M]. 济南：山东人民出版社，2008.

[32] 张东良，周彦良. 教育学原理 [M]. 北京：北京理工大学出版社，2017.

[33] 王思斌. 社会学教程 [M]. 2 版. 北京：北京大学出版社，2003.

[34] 呼勤，黄少平. 高校思想政治教育学原理 [M]. 成都：电子科技大学出版社，2016.

[35] 檀传宝，王小飞. 当代东西方德育发展要览 [M]. 北京：人

民教育出版社，2013.

［36］刘社欣．思想政治教育合力研究［M］．北京：人民出版社，2013.

［37］袁贵仁．马克思的人学思想［M］．北京：北京师范大学出版社，1996.

［38］张澍军．德育哲学引论［M］．北京：人民出版社，2002.

［39］高清海．找回失去的“哲学自我”［M］．北京：北京师范大学出版社，2004.

［40］祖嘉合．思想政治教育方法教程［M］．北京：北京大学出版社，2004.

［41］刘志生．马克思主义人学理论与思想政治工作研究［M］．济南：黄河出版社，2004.

［42］高海涛．学会自我管理：梦想、选择和自我实现［M］．北京：中国青年出版社，2015.

［43］戚万学．冲突与整合：20世纪西方道德教育理论［M］．济南：山东教育出版社，1995.

［44］吴坚．当代高等教育国际化发展［M］．北京：人民出版社，2009.

［45］谭瑜．高校中外合作办学项目学生跨文化适应研究［M］．北京：中国社会科学出版社，2014.

［46］刘海春，沈永英．我国高校交换生思想政治教育研究［M］．北京：人民出版社，2019.

［47］中华人民共和国教育部计划财务司．中国教育成就统计资料（1949—1983）［M］．北京：人民教育出版社，1984.

［48］李滔．中华留学教育史录：1949年以后［M］．北京：高等教

育出版社，2000.

[49] 容闳．西学东渐记［M］．恽铁樵，徐凤石，译．珠海：珠海出版社，2006.

[50] 李鸿章撰，吴汝伦编．李文忠公全书译署函稿：第一卷［M］．刻本．［出版地不详：出版社不详］，清光绪三十一年（1905）.

[51] 李喜所．中国留学通史：民国卷［M］．广州：广东教育出版社，2010.

[52] 石霓．观念与悲剧：晚清留美幼童命运剖析［M］．上海：上海人民出版社，2000.

[53] 李喜所．近代留学生与中外文化［M］．天津：天津教育出版社，2006.

[54] 李喜所．中国留学通史［M］．广州：广东教育出版社，2010.

[55] 王奇生．中国留学生的历史轨迹：1872—1949［M］．武汉：湖北教育出版社，1992.

[56] 李滔．中华留学教育史录：1949 年以后［M］．北京：高等教育出版社，2000.

[57] 季羡林．留德十年［M］．北京：中国人民大学出版社，2004.

[58] 王辉耀，苗绿．国际人才蓝皮书：中国留学发展报告（2016）［M］．北京：社会科学文献出版社，2016.

[59] 王辉耀，苗绿．国际人才蓝皮书：中国留学发展报告（2017）［M］．北京：社会科学文献出版社，2017.

[60] 王辉耀．人才战争［M］．北京：中信出版社，2009.

[61] 王耀辉，苗绿．海归者说：我们的中国时代［M］．北京：中

译出版社，2016.

［62］王雪萍．当代中国留学政策研究：1980—1984年赴日国家公派本科留学生政策始末［M］．北京：世界知识出版社，2009.

［63］元青，等．留学生与中国文化的海外传播：以20世纪上半期为中心的考察［M］．天津：南开大学出版社，2014.

［64］王蓉蓉．海外人才回流与社会适应：上海案例［M］．北京：社会科学文献出版社，2019.

［65］郑刚．留学生与近代中国研究生教育［M］．郑州：大象出版社，2020.

［66］张睦楚．民族意识与自由主义的双重变奏：留美中国学生联合会之历史考察［M］．北京：社会科学文献出版社，2018.

［67］郑航．国家认同与爱国主义教育［M］．广州：中山大学出版社，2016.

［68］郑笑怡．海外中国留学生跨文化交际研究［M］．杭州：浙江工商大学出版社，2012.

［69］李晓东．全球化与文化整合［M］．长沙：湖南人民出版社，2003.

［70］教育部国际合作与交流司，《神州学人》编辑部，国家留学基金管理委员会秘书处．出国留学工作20年［M］．北京：高等教育出版社，1999.

［71］严文华．跨文化沟通心理学［M］．上海：上海社会科学院出版社，2008.

［72］徐光兴．跨文化适应的留学生生活：中国留学生的心理健康与援助［M］．上海：上海辞书出版社，2000.

［73］崔婷．全球化与当代中国跨文化交流［M］．济南：山东大学

出版社，2009.

[74] 杨秦，梅彬，柯建刚．中国海归［M］．广东：广州出版社，2015.

[75] 魏华颖．海外留学归国人员就业问题研究［M］．北京：经济科学出版社，2020.

[76] 韩方明．公共外交概论［M］．北京：北京大学出版社，2011.

[77] 李大玖．海外华文网络媒体：跨文化语境［M］．北京：清华大学出版社，2009.

[78] 赵园，周瑾．新西兰留学移民手册［M］．北京：对外经济贸易大学出版社，2002.

[79] 陈铁源．留学与垃圾：来自中国海外留学生问题报告［M］．北京：世界知识出版社，2004.

[80] 温哥华公立教育联盟．加国留学那些事儿［M］．上海：上海交通大学出版社，2018.

[81] 林家羽．留学本无忧［M］．上海：上海社会科学院出版社，2019.

[82] 实藤惠秀．中国人留学日本史［M］．北京：生活·读书·新知三联书店，1983.

[83] 戴维·M. 沃克．牛津法律大辞典［M］．北京社会与科技发展研究所组织，译．北京：光明日报出版社，1988.

[84] 斯塔夫里阿诺斯．全球通史：从史前史到21世纪［M］．7版，修订版．北京：北京大学出版社，2005.

[85] 迈克尔·豪格，多米尼克·阿布拉姆斯．社会认同过程［M］．高明华，译．北京：中国人民大学出版社，2011.

[86] 比勒．中国留美学生史［M］．张艳，译．北京：生活·读书·新知三联书店，2010.

[87] 米尔顿·M．戈登．美国生活中的同化：种族、宗教和族源的角色［M］．马戎，译．南京：译林出版社，2015.

二、期刊类

[1] 郇正．教育国际化与后发展国家的文化［J］．教学与研究，1997（9）.

[2] 秦宣．将立德树人贯穿于马克思主义理论学科与思想政治理论课建设全过程［J］．思想理论教育，2015（9）.

[3] 刘建军．论海外留学生在场对大学生思想政治教育语境的影响［J］．思想教育研究，2015（6）.

[4] 沈壮海，王芸婷．用习近平新时代中国特色社会主义思想铸魂育人［J］．思想理论教育，2020（6）.

[5] 孙其昂，韩菁菁．《思想政治教育现代转型研究》课题成果展示［J］．思想政治教育研究，2015（4）.

[6] 佘双好．新时代爱国主义教育的时代升华：学习《新时代爱国主义教育实施纲要》［J］．学校党建与思想教育，2020（13）.

[7] 张雷声，顾钰民，佘双好，等．新时代思想政治理论课的改革创新［J］．理论与改革，2020（1）.

[8] 郑永廷，曾萍．当代大学生的成长需要与高校思想政治教育的价值实现［J］．思想理论教育导刊，2010（12）.

[9] 王学俭，李晓莉．论思想政治教育协同创新［J］．甘肃社会科学，2014（3）.

[10] 杨晓慧．信仰·理论·教育：思想政治教育的三种力量［J］.

东北师大学报（哲学社会科学版），2018（1）.

[11] 万美容，谢莉勤.论马克思主义理论教育的本质及其核心问题[J].西北工业大学学报（社会科学版），2019（3）.

[12] 陈昌贵.1978—2006：我国出国留学政策的演变与未来走向[J].高教探索，2007（5）.

[13] 王奇生.留学与救国：30年代留学生的抗日救亡活动[J].民国档案，1989（3）.

[14] 王奇生.抗战期间留学生群像初探[J].近代史研究，1989（4）.

[15] 王蔚，卢起.海外学子与国内企业家寻求对接[J].瞭望新闻周刊，1994（26）.

[16] 陈雅妮.当代归国留学生[J].人民文学，1998（10）.

[17] 邹平.关于我国留学人员情况的思考与对策[J].中国软科学，1997（4）.

[18] 程希.文化适应与中国留学生在海外的滞留[J].八桂侨史，1999（1）.

[19] 益群.九十年代欧美中国留学生社团[J].世界教育信息，1994（8）.

[20] 涂江莉.论近代中国留学生报刊的内容、特点及其作用[J].汕头大学学报，1994（4）.

[21] 钱兰英.留澳海外学生的社会生活和学业困难[J].心理学动态，1996（4）.

[22] 夏莉萍，许志渝.新冠疫情下的海外中国公民合法权益保护[J].国际论坛，2021，23（1）.

[23] 马文琴，杨雨锜.海外中国留学生的国家认同及角色意识

[J]. 人民论坛，2020（28）.

[24] 魏善玲. 统制留学：全面抗战时期国民政府对留学教育的管控 [J]. 湖北社会科学，2020（9）.

[25] 张绍菊. 高校越南语专业 N+N 培养模式海外学习阶段的教学效果思考 [J]. 云南大学学报（自然科学版），2020，42（S1）.

[26] 李明欢. 海外中国留学生接受抗疫大考 [J]. 人民论坛，2020（17）.

[27] 冯治中，李晓帆. 刍议如何提升海外留学生群体安全意识和防范能力："江歌案"和"章莹颖案"引发的思考 [J]. 中国公共安全（学术版），2019（4）.

[28] 王鑫，聂鑫. 论海外中国留学生思想政治教育的有效之策 [J]. 社科纵横，2018，33（6）.

[29] 宋林飞. 当前中国四大移民潮：问题与对策 [J]. 社会科学文摘，2018（5）.

[30] 侯斌. 海外留学生爱国主义教育需要系统谋划 [J]. 中国德育，2017（15）.

[31] 于晓萍，常研. 2016 中国海归群体思想状况调查报告 [J]. 人民论坛，2017（3）.

[32] 张慕洋. 海外游子投身新中国的归国潮 [J]. 江苏师范大学学报（哲学社会科学版），2016，42（4）.

[33] 魏华颖. 15 年（1998—2013）来中国海外留学归国人员特征变化探析 [J]. 领导科学，2015（29）.

[34] 陈树峰. 高校海外留学生安全应急管理研究：以云南财经大学案例为例 [J]. 黑龙江高教研究，2015（10）.

[35] 王铁英. 中国某高校海外留学生压力现状及影响因素分析

[J]. 中国学校卫生，2015，36（6）.

[36] 姬虹 . 留美科技人才资源对中国经济社会发展的影响 [J]. 中国社会科学院研究生院学报，2014（4）.

[37] 魏华颖，曾湘泉 . 我国海外留学人员回国顾虑调查与对策思考 [J]. 中国行政管理，2013（9）.

[38] 高子平 . 西方学者视野中的中国海外人才回流 [J]. 国际关系研究，2013（2）.

[39] 薛惠娟，吴重涵 . 英国高校发展中国教育市场战略研究 [J]. 教育学术月刊，2012（5）.

[40] 苗丹国，魏祖钰，许宜北 . 2011 年中国出国留学工作与留学人员活动大事记 [J]. 世界教育信息，2012，25（4）.

[41] 李凤亮 . 海外华人学者的中国关怀：张旭东教授访谈录 [J]. 福建论坛（人文社会科学版），2011（11）.

[42] 中国出国留学工作大事记：2009 年 12 月至今 [J]. 世界教育信息，2011（7）.

[43] 姚明，赵诤 . 中国海外留学生思想政治教育刍议 [J]. 东南亚纵横，2006（5）.

[44] 杨民，王焱鑫 . 新西兰海外留学生新政策简析 [J]. 比较教育研究，2006（4）.

[45] 蔡恩泽 . 筑巢引凤 凤何难栖：留学生归国难现象透视 [J]. 中国人才，2000（10）.

[46] 李涛 . 中国海外留学生群体安全利益的维护 [J]. 学术探索，2013（10）.

[47] 孔志洪，郭耀邦，陈丽，等 . 高校出国留学政策研究 [J]. 中国高等医学教育，2000（6）.

[48] 佴永锦．我国现行公派出国留学政策述评［J］．江苏高教，2001（5）．

[49] 陈玥，毛立伟．我国出国留学政策变迁的基本逻辑及理性选择：基于历史制度主义的分析视角［J］．当代教育论坛，2020（5）．

[50] 蒙有华．当前我国留学教育的现状、问题及解决思路［J］．当代教育论坛，2005（23）．

[51] 朱晓芳．浅析合作办学高校出国留学生思想政治教育的必要性［J］．当代教育论坛（管理研究），2011（9）．

[52] 吕催芳．中国在美留学生心理和社会文化适应质性研究［J］．教育学术月刊，2017（5）．

[53] 魏华颖．我国在美留学生回国意愿和就业意向特征分析［J］．CPA 中国行政管理，2016（9）．

[54] 仇怡，聂萼辉．中国留学生回流现状与影响因素分析［J］．当代经济管理，2016，38（1）．

[55] 冯洁．中国高校外国留学生思想政治教育的问题与对策［J］．海南广播电视大学学报，2017，18（1）．

[56] 周棉．论中国留学教育的产生［J］．教育评论，2002（6）．

[57] 宋伶俐．人类命运共同体视域中大学生政治价值观认同研究［J］．学校党建与思想教育，2021（6）．

[58] 宋可．中国海外留学生安全保护问题研究［J］．齐齐哈尔大学学报（哲学社会科学版），2017（3）．

[59] 高德胜，张耀灿．整体性视角下思想政治教育构成要件研究［J］．马克思主义与现实，2020（2）．

[60] 吴宏政．马克思世界历史理论中的“康德问题”［J］．理论探讨，2020（5）．

[61] 柴民权，管健．从个体认同到国家认同：一个社会心理路径[J]．南京社会科学，2018（11）．

[62] 高德胜，王瑶，张耀灿．思想政治教育学的当代转向：应用思想政治教育的内涵与特征[J]．思想教育研究，2018（5）．

[63] 王永友，胡義．思想政治理论课教师树人之本：政治底线、理论底子、能力底气[J]．思想理论教育导刊，2019（8）．

[64] 高德胜，王瑶，王莹．隐性思想政治教育在犯罪人社区矫正中的运用[J]．东北师大学报（哲学社会科学版），2016（3）．

[65] 高德胜，杨羿．思想政治教育的当代转向：从理论思想政治教育到应用思想政治教育[J]．思想政治教育研究，2018，34（4）．

[66] 鲁杰．思想政治教育学的应用性特征研究[J]．理论月刊，2010（9）．

[67] 王春刚，王凤丽．来华留学生思想道德教育方法探析[J]．佳木斯大学社会科学学报，2019，37（2）．

[68] 李萍．留学生跨文化适应现状与管理对策研究[J]．浙江社会科学，2009（5）．

[69] 郑安云，李娇．跨文化适应理论对高校留学生教育管理的启示[J]．世界教育信息，2017，30（17）．

[70] 王电建．从多维的角度看国外跨文化适应理论的发展[J]．云南师范大学学报（对外汉语教学与研究版），2011，9（6）．

[71] 侯双．质性研究与定性研究、定量研究的比较分析[J]．青年与社会，2015（9）．

[72] 陈向明．扎根理论在中国教育研究中的运用探索[J]．北京大学教育评论，2015，13（1）．

[73] 孟鸣岐．理论与现实的热切呼唤："人学研究对象"研讨会

记述 [J]. 马克思主义与现实, 1993 (4).

[74] 肖微. 大学生跨文化思想政治教育刍议: 以高等教育国际化为视角 [J]. 兰州教育学院学报, 2015, 31 (7).

[75] 刘加良, 刘晓雯, 张金玲. 法律诊所教育研究 [J]. 山东大学法律评论, 2007 (0).

[76] 马永梅. 法律诊所教育与法学教学实践评价模式的改革研究 [J]. 理论导刊, 2007 (2).

[77] 范炜. 情报学视角的情境概念及情境观认识 [J]. 图书情报工作, 2020, 64 (12).

[78] 肖微. 跨文化思想政治教育的研究现状与特点分析: 基于"高等教育国际化"的视角 [J]. 科技创业, 2015, 28 (4).

[79] 周湘莲. 试论思想政治教育内容整体构建的历史经验 [J]. 理论探讨, 2005 (6).

[80] 陈科, 崔瑜铄, 尚光辉. 中国在韩留学生消费行为调查与分析 [J]. 中国商论, 2021 (4).

[81] 黎阳阳. 赴泰中国留学生消费情况调查: 以广西外国语学院为例 [J]. 青年与社会, 2020 (13).

[82] 庄睿, 于德山. 作为情感劳动的隐私管理: 中国留学生代购群体的社交媒体平台隐私管理研究 [J]. 新闻记者, 2021 (1).

[83] 严海. 幸福何以成为德育的目的 [J]. 教育研究与实验, 2020 (4).

[84] 高锡文. 基于协同育人的高校课程思政工作模式研究: 以上海高校改革实践为例 [J]. 学校党建与思想教育, 2017 (24).

[85] 倪愫襄. 论民族精神和时代精神的内涵 [J]. 学校党建与思想教育, 2014 (5).

[86] 李秀梅．习近平关于爱国主义重要论述的多维意蕴 [J]．北京联合大学学报（人文社会科学版），2020，18（4）．

[87] 魏勃，李治勇．凝心铸魂推进新时代大学生爱国主义教育 [J]．学校党建与思想教育，2020（6）．

[88] 顾相伟．马克思主义中国化：历史选择、中国特色与全球视野 [J]．中央社会主义学院学报，2012（1）．

[89] 方媛媛．留学生跨文化压力的心理成因研究 [J]．江淮论坛，2010（6）．

[90] 张彦，胡俊．品格教育中榜样示范的问题与回应：以亚里士多德美德论为考量视角 [J]．道德与文明，2020（3）．

[91] 任志锋．思想政治教育跨文化研究方法论刍议 [J]．思想教育研究，2016（2）．

三、报刊类

[1] 习近平．在第十二届全国人民代表大会第一次会议上的讲话 [N]．人民日报，2013-03-18（1）．

[2] 习近平．在同各界优秀青年代表座谈时的讲话 [N]．人民日报，2013-05-05（2）．

[3] 习近平．在欧美同学会成立100周年庆祝大会上的讲话 [N]．人民日报，2013-10-22（2）．

[4] 习近平．把培育和弘扬社会主义核心价值观作为凝魂聚气强基固本的基础工程 [N]．人民日报，2014-02-26（1）．

[5] 习近平．青年要自觉践行社会主义核心价值观：在北京大学师生座谈会上的讲话 [N]．人民日报，2014-05-05（2）．

[6] 习近平．做党和人民满意的好老师：同北京师范大学师生代

表座谈时的讲话［N］. 人民日报，2014-09-10（2）.

［7］习近平．在会见第四届全国文明城市、文明村镇、文明单位和未成年人思想道德建设工作先进代表时的讲话：人民有信仰民族有希望国家有力量 锲而不舍抓好社会主义精神文明建设［N］. 人民日报，2015-03-01（1）.

［8］习近平．在庆祝中国共产党成立95周年大会上的讲话［N］. 人民日报，2016-07-02（2）.

［9］习近平．在纪念红军长征胜利80周年大会上的讲话［N］. 人民日报，2016-10-22（2）.

［10］习近平．把思想政治工作贯穿教育教学全过程 开创我国高等教育事业发展新局面［N］. 人民日报，2016-12-09（1）.

［11］习近平．在第十三届全国人民代表大会第一次会议上的讲话［N］. 人民日报，2018-03-21（2）.

［12］习近平．坚持中国特色社会主义教育发展道路 培养德智体美劳全面发展的社会主义建设者和接班人［N］. 人民日报，2018-09-11（1）.

［13］张烁，谢环驰．用新时代中国特色社会主义思想铸魂育人 贯彻党的教育方针落实立德树人根本任务［N］. 人民日报，2019-03-19（1）.

［14］习近平．在纪念五四运动100周年大会上的讲话［N］. 人民日报，2019-05-01（2）.

［15］习近平．坚持共同团结奋斗共同繁荣发展 各民族共建美好家园共创美好未来［N］. 人民日报，2019-09-28（1）.

［16］中共中央国务院．新时代爱国主义教育实施纲要［N］. 人民日报，2019-11-03（1）.

[17] 不容种族歧视者胡说（钟声）[N]. 人民日报，2020-02-26（3）.

[18] 习近平. 思政课是落实立德树人根本任务的关键课程 [N]. 人民日报，2020-09-01（1）.

[19] 习近平. 在纪念中国人民抗日战争暨世界反法西斯战争胜利75周年座谈会上的讲话 [N]. 人民日报，2020-09-04（2）.

[20] 华罗庚. 写给留美同学的一封信 [N]. 大公报，1950-03-04.

[21] 佘双好. 思想政治教育学科发展的战略性转变 [N]. 光明日报，2015-01-08（16）.

[22] 赵晓霞. 学子如何跨过文化适应之坎？[N]. 人民日报海外版，2015-10-15（7）.

[23] 高德胜，张雅卓. 如何对中国留学生进行爱国主义教育 [N]. 中国教育报，2017-11-16（7）.

[24] 苗丹国，陈可淼，杨晓京. 出国留学培养有家国情怀国际视野的建设人才 [N]. 中国教育报，2019-09-27（5）.

[25] 许涛. 构建课程思政的育人大格局 [N]. 光明日报，2019-10-18（15）.

[26] 陈冲，周舒漫. 后疫情时代留学生网络爱国主义教育初探 [N]. 中国青年报，2020-11-23（2）.

[27] 习近平. 在庆祝中国共产党成立100周年大会上的讲话 [N]. 人民日报，2021-07-02（2）.

四、学位论文类

[1] 邵宝. 清末留日学生与日本社会 [D]. 苏州：苏州大学，2013.

［2］于海峰．当代中国留学制度研究［D］．长春：东北师范大学，2008.

［3］吕顺长．清末中日教育交流之研究［D］．杭州：浙江大学，2007.

［4］袁哲．法学留学生与近代上海（清末—1937年）［D］．上海：复旦大学，2011.

五、电子文献类

［1］教育部．2019年度出国留学人员情况统计［EB/OL］．中华人民共和国教育部官网，2020-12-14.

［2］人民网．中国迎来最大“海归潮”［EB/OL］．人民网-人民日报海外版，2017-09-11.

［3］习近平．大力弘扬伟大爱国主义精神 为实现中国梦提供精神支柱［EB/OL］．新华网，2015-12-30.

附　录

中国赴海外留学生思想状况访谈提纲

访谈者：______________

访谈对象：____________

访谈时间：____________

访谈地点：____________

一、访谈对象基本信息

出国留学时间：____________________
政治面貌：________________________
外语语种及掌握程度：______________
留学时年龄及学籍所在地：__________
留学前所在学校、专业：____________
留学后所在学校、专业：____________
留学毕业时间：____________________
留学性质：________________________

二、留学前：行前准备工作等基本情况

1. 您是基于什么原因选择出国留学，以及为何选择目前的学校和专业？

2. 请您介绍一下进入留学所在学校的过程？（面试中见到的人、问题、如何通知以及申请最看重的评估条件等）

3. 您在出国留学前接受了哪些培训？以过来人的身份，您觉得出国留学前一定要做好哪几方面的准备？

4. 您出国留学前最担心留学国家或地区哪方面的问题？（学习模式、治安情况、交通出行、生活习俗、价值观念、消费水平、自然环境还是其他方面）

5. 您出国留学前对思想政治教育有什么认识？认为这项教育对您的人生观念起到了什么作用？

三、留学中：境外学习生活期间的思想状况

1. 请您简要介绍一下您的学习经历，出国后所在院系学习情况，包括课程设置、考核情况等。此外，您觉得境外教育与中国教育的差别有哪些？

2. 您留学所在学校有怎样的人员构成？您是否了解过有多少本国人、多少外籍人士？以及就您专业来讲，中国留学生所占比例大概是多少？

3. 您留学所在学校有没有进行过爱国主义教育，是否会影响您对所在国的立场与判断？以及您认为什么样的教育形式对于培养留学生的爱国热情能有所成效？

4. 您出国后由不适应到基本适应的过渡期大概多久？请问您是如何调节的？您出国后遇到最多或者最棘手的问题是什么？如何解决？

5. 出国后，您接触最多的人是谁，他/她在你们的交往过程中是如何对您产生影响的？此外，您身边朋友、同学有遇到过哪些典型的问题或者事故？或者您是否有经历、目睹过文化冲突事件，以及感受如何？

6. 您更倾向于向外国朋友介绍或者展示哪些中华元素？（艺术、功夫、美食、建筑、文化等等）同时，国外哪些元素让您印象深刻，或者以什么样的方式影响到您？

7. 您在境外参加过社会实践吗？如有参加，请问是什么性质的社会实践？（兼职、义工、使领馆组织的志愿活动、学校或者境外学校的基地实习、非政府组织的其他活动等等）

8. 您在留学期间是否愿意参加社团活动？学校社团活动或者学生之间自行组织的活动一般是什么形式、大概活动主题有哪些以及参与度如何？

9. 留学期间是否有中国的相关教育组织联络您？或者您在境外是否参加过班团组织活动、国内联合活动？（网上讨论学习、中外文化传播交流活动、主题团日活动、民主生活会等）

10. 您的政治面貌有没有成为境外交往过程中的话题？是否有人问过您的政治态度？如果您是党员，境外是否参加过党员活动？（“两学一做”等理论学习、“两会精神”学习、党员或入党积极分子考察、批评与自我批评等）

11. 国外资讯鱼龙混杂，您在留学期间浏览网页时，一般通过哪些平台或者软件？是否看到过不良不实、抹黑中国的新闻？对此态度如何？以及您周围同学面对这种情况，一般的态度趋向是什么？

12. 班级讨论时，遇到他人提出损害祖国形象或者污蔑祖国形象的话题，您会怎样处理？

13. 您了解信息安全方面的注意事项吗？您和身边同学在网络发表

观点时是否留意过信息安全？

14. 您本人有宗教信仰吗？留学国信教民众多吗？以及您留学所在学校是否存在宗教色彩？如果是，宗教课程您会参加吗？

15. 是否有其他信仰的人与您沟通或邀请做礼拜，希望您更了解他们的宗教？同时，在留学期间您参加过宗教活动或进入过宗教场所吗，如果参加过，请问可能促使您参加的原因有哪些？（旅行浏览、祈福、陪同他人、个人兴趣、了解民俗等）

16. 国外疫情蔓延时，您最想取得联系或者第一时间联系你们的是什么部门？请问您是否接收到了来自祖国的“防疫健康包”，以及“健康包”是通过何种方式发放？

四、归国后：海外留学引发的变化

1. 留学一段时间后，您认为在异域环境下学习和接触国际多元文化使您原有的人生观和世界观发生了什么变化？

2. 经历留学生活后，请您谈一谈对于祖国的新认识？

3. 您未来有回国就业的打算还是继续深造？（如就业，是否了解国内的相关就业政策；如深造，深造地和专业有无规划）

4. 回国后，您是否还有再次出国出境学习的意愿？如果有，请您谈一下原因。

5. 据您感知，您认为中国赴海外留学生一般具有哪些特点？

后　记

任重道远，道阻且长，然吾辈心向往之。中国特色社会主义进入新时代，社会主要矛盾发生深刻变化，人们面临的社会现实问题更加深刻复杂，逐渐呈现出群体化、层次化与特殊化趋势。思想政治教育作为中国精神文明建设的关键内容，是解决社会主要矛盾和现实问题的主要途径之一。所以，面对新时代不同社会群体的价值取向、主体意识、个体需求的急剧变化，如何立足社会实际、适应时代要求、解决现实问题以实现人民群众的美好生活需要是新形势下思想政治教育亟须应对的严峻挑战，这也正是笔者跟随导师高德胜教授继续应用思想政治教育这一领域研究的关注焦点。高老师提出，思想政治教育应坚持以问题为切入点，由理论转向实务，由泛化说教转向为切实解决社会中出现的小问题、具体问题和特殊群体问题，真正在实践中实现思想政治教育学的当代转向。本书稿依循这一研究方向，着眼于中国赴海外留学生这一特殊群体，关注由该群体衍化带来的具体社会现实问题，并提出了相对应的一系列解决措施。从前期调研、确定选题到开展研究、成功开题和顺利定稿，历经三年时间，其间有过激动喜悦，也有过彷徨痛苦，幸得恩师一路指点、好友始终相伴。如今落笔定稿，万千思绪涌上心头。

感谢导师高德胜教授，硕博六年的学习生涯中，高老师敏捷的科研思维，求是严谨的学术作风，率真直爽的人生态度，让我在潜移默化中深深懂得了为人为学要负责担当、果敢自信和豁达包容。在老师的指导和教诲下，我将进一步完善此研究，坚守初心，谨记党的号召，坚持人民立场、问题导向，为思想政治教育的“落地”做出自己的微薄贡献。感谢访谈调查和数据收集过程中给予我帮助的朋友、同学和留学生们，感谢你们给予的无私帮助，你们的支持和参与为本书提供了大量的可靠性数据。还要感谢江苏大学马克思主义学院各位领导和老师在我教学和科研道路上的引导、帮助和鼓励，感谢学院领导为教师搭建锻炼和成长的平台。

本书能够出版，凝结了许多专家老师的关爱指导与课题项目的支持。在此，感谢江苏高校哲学社会科学研究一般项目“新质生产力视域下高校思想政治教育精准育人模式研究”（课题编号：2024SJSZ0959）、江苏大学高等教育教学改革研究课题“基于点线面体多维贯穿的高校思政课教师‘三教’能力提升研究”（课题编号：2023JGYB017）以及江苏大学共同富裕研究院一般项目“党建引领乡村共同富裕研究”（课题编号：GFYB004）的资助；感谢编辑老师对书稿提出的许多宝贵意见和辛苦付出。

寥寥数言，谨以为谢。至此，唯愿心有所持，温和坚定，不改初志，再启征航。

王瑶

2024 年 1 月